예는 10,

별들의 고향

KB192233

예스 10, 별들의 고향

발행일	2018년 4월 30일		
지은이	임 동 훈		
펴낸이	손 형 국		
펴낸곳	(주)북랩		
편집인	선일영	편집	권혁신, 오경진, 최예은, 최승헌
디자인	이현수, 김민하, 한수희, 김윤주	제작	박기성, 황동현, 구성우, 정성배
마케팅	김회란, 박진관, 유한호		
출판등록	2004. 12. 1(제2012-000051호)		
주소	서울시 금천구 가산디지털 1로 168, 우림라이온스밸리 B동 B113, 114호		
홈페이지	www.book.co.kr		
전화번호	(02)2026-5777	팩스	(02)2026-5747
ISBN	979-11-6299-084-1 04230(종이책)		979-11-6299-085-8 05230(전자책)
	979-11-5987-557-1 04230(세트)		

이 도서의 국립중앙도서관 출판예정도서목록(CIP)은 서지정보유통지원시스템 홈페이지(http://seoji.nl.go.kr)와
국가자료공동목록시스템(http://www.nl.go.kr/kolisnet)에서 이용하실 수 있습니다.
(CIP제어번호 : CIP2018011957)

예수 나라 옴니버스 10번

예수 10,

별들의 고향

임동훈 지음

북랩 book Lab

글머리에

2017년 4월부터 예수나라 옴니버스가 1번부터 10번까지 줄기차게 달려왔다. 이제 『예스 10, 별들의 고향』을 끝으로 1년 만에 영성 여행을 마무리하게 되었다. 여러모로 부족한 종을 여기까지 이끌어주신 주님께 무한한 감사를 드린다.

덴마크어로 '휘게(Hygge)'는 '안락한', '행복한' 등의 뜻이 있다. 덴마크는 OECD(경제협력개발기구) 35개 회원국 중에서 국민 행복도 지수가 1위다. 얼마 전 '휘게 라이프'라는 책도 나왔다. '안락한 생활', '행복한 인생' 등으로 번역되었다.

그런데 세계 10위권의 경제 대국 한국은 OECD 회원국 가운데 행복 지수가 꼴찌에서 3번째다. 그만큼 행복을 누리지 못한다는 뜻이다. 흔히 하는 말대로 '저녁 있는 삶'을 갖지 못하는 것이다.

'휘게 라이프'는 모든 종교가 추구하는 궁극적 목표라고 볼 수 있다. 유교의 '안빈낙도(安貧樂道)'나 불교의 '극락왕생(極樂往生)', 기독교의 '에덴동산'이나 '천년왕국(千年王國)', '새 예루살렘'이 그렇다.

그렇다면 우리가 어떻게 '휘게 라이프'를 누릴 것인가? 길이요, 진리요, 생명이신 예수 그리스도와 함께해야 한다. 하지만 우리 스스로의 힘으로는 불가능하다. 성령님의 도우심이 반드시 필요하다.

달과 같은 위성은 지구를 돌고, 지구와 같은 행성은 태양을 돌며, 태양과 같은 항성은 우리 은하를 돌듯이, 우리 은하도 우주를 돈다. 한낱 지나가는 것처럼 보이는 혜성이나 흘러가는 유성도 각자 나름대로의 길이 있다.

이와 같이 모든 별들이 각자의 위치에서 묵묵히 돌아갈 때 우주의 평화가 유지될 수 있다. 별들은 별들의 고향에서, 우리는 하나님의 나라에서 '행복한 인생'을 찾을 수 있다.

우리는 누구든지 하나님께서 보내신 예수 그리스도를 자신의 구주로 영접해야 한다. 그래야 하나님의 자녀로서 영생의 특권을 누릴 수 있다.

'영접하는 자, 곧 그 이름을 믿는 자들에게는 하나님의 자녀가 되는 권세를 주셨다.' (요한 1. 12)

'하나님이 세상을 이처럼 사랑하사 독생자를 주셨으니, 이는 그를 믿는 자마다 멸망하지 않고 영생을 얻게 하려 하심이라.' (요한 3. 16)

'나는 부활이요 생명이니 나를 믿는 자는 죽어도 살겠고, 살아서 나를 믿는 사람은 영원히 죽지 아니하리라.' (요한 11. 25-26)

'내가 곧 길이요 진리요 생명이니, 나로 말미암지 않고는 아버지께로 올 자가 없느니라.' (요한 14. 6)

우리는 하나님 아버지를 바로 알고, 예수 그리스도를 제대로 믿어, 보혜사 성령님을 풍성히 누려야 한다. 다시 말해서 지성 신학으로 알고, 감성 신앙으로 믿어, 영성 생활로 '휘게 라이프'를 누릴 수 있다.

그때 비로소 우리는 그리스도의 빛과 향기, 편지가 되어 만방에 전해질 것이며, 우리 주 예수 그리스도 안에 있는 참 자유와 평화와 기쁨을 맛보게 된다.

그러므로 우리는 지극히 작은 일에 신실하고 가장 작은 자를 섬김으로써, 안락하고 행복한 주님의 교회를 세워나갈 수 있다. 예수 그리스도를 바로 알고 제대로 믿어 풍성히 누리는 영성의 물결이, 여러분의 가정과 교회, 직장, 사업체로 확산되기를 빈다.

건전한 교훈은 복되신 하나님의 영광스러운 복음에 맞아야 합니다. 나는 이 복음을 전할 임무를 맡았습니다. (디모데전서 1. 11)

2018. 4. 5

예수나라 청지기

『예스 1, 휴먼 드라마』

『예스 2, 소망의 불씨』

『예스 3, 밀알의 소명』

『예스 4, 희망의 나래』

『예스 5, 광야의 단비』

『예스 6, 영성의 바다』

『예스 7, 자유의 다리』

『예스 8, 평화의 노래』

『예스 9, 기쁨의 향연』

제46편

죽는 날까지

1423. 회한의 눈물

2017년 추석은 우울하게 보내게 되었다. 아버지가 요양병원에 있었기 때문이다. 한 집안의 기둥이 흔들리자 모든 일이 뒤틀리고 불안하기만 하였다.

치매 3등급을 받아 요양원에 입소할 요건은 갖춰졌으나 10일간의 연휴로 병원에 그대로 있었다. 이런저런 생각으로 1시경 자리에 들었으나 잠을 이룰 수 없었다. 새벽에 쪽잠이 들었다가 이상한 꿈을 꾸었다.

어릴 적에 살았던 고향집이 보였다. 안방에서 처마로 나오면서 보니 마당 저만큼에서 한 여자가 걸어오고 있었다. 요사스러웠다. 꼭두각시 인형 같았다. 얼굴은 해골이고 손발은 보이지 않았다. 치맛자락으로 설렁설렁 날아오는 듯했다.

"아니, 저것이!"

하면서 손가락으로 똑바로 가리키자 멈칫하며 돌아서려고 하였다. 그때 귀신이라는 사실을 알았다. 머리끝부터 발끝까지 오싹하였다. 나도 모르게 몸이 움칫하였다. 그러자 귀신이 홱 돌아서 더 빠른 속도로 너풀너풀 다가왔다.

"물러가라! 예수 이름으로!"

하면서 주먹으로 힘껏 내리쳤다.

"쿵!"

그 순간 벽을 내리치고 잠에서 깨어났다. 소름이 쫙 끼쳤다. 그리고 그 상황이 환상으로 이어졌다.

그때 내가 안방 문 앞에 서서 버티자, 그 귀신이 나를 슬쩍 비켜나 오른편 부엌에 들어가려고 하였다. 이래저래 마음이 뒤숭숭하여 자리에서 일어나 강단으로 올라갔다.

오전 10시쯤 되어 진보 본가에 들렀다가 안동 병원으로 갔다. 아버지를 휠체어에 태워 휴게실 테이블로 모시고 나왔다. 아버지가 어머니를 보고 감정이 북받쳐 목 놓아 울기 시작하였다.

"나와 같이 60년을 넘게 살았는데, 단 하루도 편하게 해준 날이 없었어. 이제는 원망이나 불평이라도 실컷 듣고 싶어. 그래서 너 엄마 데리고 오라고 했어. 정말 보고 싶어. 하지만 이제 어쩔 수 없어. 너희들만이라도 잘 살아야 돼. 아이고, 아이고, 흑흑흑…"

그때 제수씨가 분위기를 전환하려고 웃으며 말했다.

"이윽고 회한의 눈물이 터졌어요!"

아버지가 테이블에 머리를 박고 얼마나 슬피 우는지 정말 인생이 무엇인가 싶었다. 그때 어머니는 왜 우느냐고 더욱 나무랐고, 제수씨는 분위기를 살리려고 농담을 하며 휴지를 건네 드렸다.

동생은 안타까운 모습으로 지켜보다가 결국은 자리를 떴고, 나는 묵묵히 자리를 지키며 소리 없이 울 수밖에 없었다. 아버지의 눈물이 내 눈물이었고, 아버지의 고백이 내 고백이었기 때문이다.

하나님 아버지께서 내 육신의 아버지를 통해 나의 눈물과 고백을 미리 보여주셨던 것이다. (2017. 10. 4)

1424. 동병상련

늦깎이로 학교에 입학하여 남들보다 열심히 공부하려고 다짐하였다. 하지만 이전 일을 정리하지 못해 첫날부터 지각하게 되었다.

신발을 벗어들고 서둘러 복도를 걸어갔다. 복도 중간쯤에 선생님 2명이 회초리를 들고 서 있었다. 그들은 나보다 한참 어린 사람들이었다.

구차하게 변명할 생각이 없었다. 가까이 다가가 스스로 손바닥을 내밀었다. 오른쪽에 섰던 선생님이 학부모 감독관들을 향해 소리쳤다.

"이런 자는 매로 다스려야 한다고 생각합니다. 여러분의 생각은 어떻습니까?"

그들 가운데 한 여성 감독관이 대뜸 대답하였다.

"우리는 사랑의 매도 찬성하지 않습니다."

그러나 그는 아랑곳하지 않고 젖 먹은 힘까지 다해 인정사정없이 내 손바닥을 내리쳤다. 얼마나 세게 쳤는지 몇 번을 치자 회초리가 동강동강 나서 사방으로 흩어졌다.

그래도 그는 한이 풀리지 않은 듯, 한 뼘이나 되는 나사못을 들고 내이마 여기저기를 콕콕 찌르기 시작하였다. 더 이상 도저히 참을 수가 없었다.

아무리 선생이지만 볼때기 새파란 사람이 너무한다는 생각이 들었다. 그래서 나사못을 빼앗아 그의 살집 깊은 곳을 쿡쿡 찔렀다. 그리고 스스로 전화를 걸어 자수하였다.

"제가 피스로 사람을 찔러 중상을 입혔습니다. 어떠한 처벌도 달게 받겠습니다."

그 후 오랜 세월이 흘렀다. 어느 행사에 참석했더니 신부님 2명이 기념사진을 찍으려고 분주하였다. 그때 나와 한 목사가 노적가리 옆에 서 있는 것을 보고 신부가 말했다.

"저기 가서 단체 사진을 찍으시지요."

그러자 옆에 있던 신부가 내 양복에 달린 배지를 힐끗 보더니 말하였다.

"어쩌면 우리가 상당히 곤란해질 수도 있겠어. 교제는 얼마든지 가능하지만."

그리고 오른쪽 바지를 걷어 올리고 오래된 종아리의 상흔을 만지며 괴로워하였다. 그 후유증이 상당히 큰 듯하였다. 그때 나는 내 이마를 만지며 후유증을 느꼈다.

그때 비로소 기억이 났다. 그 신부가 바로 내 손바닥을 회초리로 때리고 나사못으로 내 이마를 찌른 사람이었다. 나는 그 나사못을 빼앗아 그의 종아리를 찔렀다.

"아, 저 신부님이 그동안 얼마나 어려움이 많았을꼬?"

정말 기구한 운명이었다. 젊은 선생은 늙은 학생을 찔러 엄청난 고통을 안겨주었고, 늙은 학생은 젊은 선생을 찔러 큰 후유증을 안겨주었다.

이제 천주교 신부와 개신교 목사가 되어 서로 만나게 되었지만, 우리는 어쩔 수 없이 동병상련을 겪으며 살아갈 처지였다. 그때 오상(五傷)의 성(聖) 비오(Pio, 1887-1968) 신부님이 생각났다.

"오, 주 예수님! 늘 제게 머물러주십시오! 저는 오늘도 저 자신과 싸우고 있습니다." (2017. 10. 10)

1425. 작은 자의 집

10일간의 연휴가 끝난 10월 10일 아침에 어머니를 만나러 진보로 갔다. 아버지를 요양원으로 모시기 위해서였다. 아버지는 차상위층 의료수급자로서 지난달 28일 장기요양 3등급을 받아 시설 입소가 가능하였다. 우선 면사무소에 가서 가족관계증명서를 뗐다.

그런데 지난 2일 입소 승낙을 받고, 6일 시설 답사까지 마친 안동 요양원에서 갑자기 난색을 보였다. 자세히 모르긴 하여도, 그간의 아버지 병력을 살펴보고 생각이 변했거나, 이런저런 좋지 않은 소문을 듣고 거절한 것으로 보였다.

사실 일반 병원에서 요양 병원으로 옮길 때도 그랬다. 병실이 나왔다고 해서 모시고 갔더니, 갑자기 병실이 없다고 하면서 독실 골방에 넣어 손발을 묶어놓겠다고 하였다. 어이가 없어 병원에서 환자를 상대로 갑질을 하느냐고 항의했더니 환자의 이력을 지적하였다.

"보세요, 무릎 수술 후 사고를 몇 번이나 쳤습니까? 결국은 3번이나 수술하고 깁스까지 하여 1년 가까이 입원을 했고, 음독까지 했지 않습니까? 의사와 간호사들에게 온갖 협박과 공갈까지 서슴지 않고… 병적 현상이라는 사실은 알지만."

일반 병원과 요양 병원, 요양원까지 같은 재단으로서 그 모든 소문과 자료를 공유한 듯하였다. 그래서 다른 요양원을 알아볼 수밖에 없었다.

진보 집에서 가까운 곳을 찾아보니 자리가 없었다. 다소 거리는 멀었으나 '작은 자의 집'으로 전화를 걸었다. 청송 현동 산골짜기에 있었다. 그런데 전화의 멘트를 듣고 가슴이 뭉클함을 느꼈다.

"예수님처럼 모시겠습니다. 작은 자의 집입니다."

그간의 사정과 아버지에 대한 병세를 대충 설명하고, 오늘 아버지를 그곳에 모시고 싶다고 했더니, 아주 친절하고 상냥하게 대답하였다.

"예, 가능합니다. 모시고 오세요."

"아, 감사합니다. 건데 원장님이십니까?"

"아닙니다. 저는 행정실장입니다."

원장도 아니고 국장도 아닌 일반 직원이 너무 쉽게 결정하여 의아하였다. 기독교 재단으로서 개인 요양원과 운영 방식이 확연히 다르다는 사실을 알았다. 그래도 무슨 핑계로 거절할까 싶어 다시 말했다.

"사실 제 아버지도 믿는 사람으로서 집사님입니다. 저는 목사고요."

"아, 그러세요. 반갑습니다, 목사님! 지금이라도 모시고 오세요."

"예.

"면사무소에서 입소 신고를 하고요."

"차상위층이라고 하셨죠? 기초수급자가 아니시면 저희가 다 알아서 군청에 신고합니다. 직접 안 하셔도 됩니다. 서류만 가지고 오세요."

"그래요? 그러면 아버지가 계신 병원에 가서 서류를 뗀 후 다시 전화하겠습니다."

그리고 혹시나 하고 안동 요양원에 다시 전화를 걸어 알아보았다. 결재 과정에서 거절된 것이 분명하였다.

"아, 정말 죄송합니다. 지금은 아무래도 어렵겠습니다."

그래서 요양병원에 전화하여 입소건강진단서와 의사소견서, 투약처방전 등을 부탁하고 요양원 입소 절차를 밟아달라고 부탁하였다.

"어느 요양원으로 가세요?"

"청송 '작은 자의 집'입니다."

"작은 자의 집요?"

"예, 입소를 거절하여 갑자기 바뀌었습니다."

"그러시면 오후 2시에 오세요. 우리도 준비할 시간이 필요해서요."

그렇게 해서 한시름 놓게 되었다. 그리고 곰곰이 생각하니 어머니와 내가 아버지를 승용차에 모시고 갈 수 없을 것 같았다. 그래서 다시 전화하였다.

"죄송합니다만, 병원 앰뷸런스로 아버지를 모시고 갔으면 합니다."

"환자를 우리 병원으로 모시고 올 때만 가능합니다."

"그러시면 제가 비용을 지급할 테니 알아봐주십시오."

"예, 우선 원무과에 알아보고 연락드릴게요."

그리고 얼마 후 전화가 왔다.

"병원차로 오후 3시에 출발합니다."

시간이 넉넉하여 어머니와 함께 집에서 점심을 먹었다. 그런데 12시 반에 병원에서 다시 전화가 왔다.

"기사님의 사정으로 1시에 출발합니다."

"예? 그때까지 우리가 병원에 도착할 수 없을 텐데요?"

"기사님이 시간상 기다릴 수가 없어 환자를 먼저 보내드립니다. 오셔서 병원비 계산하시고, 4층에 와서 약 받아가세요. 1층 매점에서 기저귀 값도 계산하고요."

"예, 잘 알았습니다."

그리고 어머니와 함께 병원으로 가면서 말하였다.

"앰뷸런스 값을 많이 달라고 하면 어쩌죠?"

"5만 원이나 10만 원쯤 달라고 하겠지."

"안동에서 왕복 400리쯤 될 텐데요."

그러나 그것은 기우였다. 그 병원과 요양원의 자매결연으로 비용을 받지 않는다고 하였다. 또 아버지의 촉탁의사도 그 병원 의사라고 하였다. 여의사에서 남의사로 바뀔 뿐이었다.

사실 종합 병원이나 다름없는 아버지의 진료나 약 처방 문제로 안동 요양원을 정했는데, 그 문제가 일시에 해결되어 더욱 안심이 되었다.

그리고 병원에 도착하여 병원비와 간병비, 기저귓값으로 100만 원을 지급하고 청송 요양원으로 출발하였다. 먼저 진보 안과에 들러 안약을 받고, 1년 동안 쓰지 않고 돈만 나가는 핸드폰도 해지하였다.

먼저 요양원에 도착한 아버지가 침대에 앉아 우리를 기다리고 있었다. 아버지가 우리를 보고 대뜸 말하였다.

"진즉 여기 오지 않고 왜 거기 그렇게 두었어."

사실 병원에서 환자로 있다가 큰 가정의 가족이 된 듯하였다. 따뜻한 온돌방과 북적거리는 직원들, 입소한 노인들로 사람 사는 냄새가 물씬 났다. 병원에서 환자 냄새만 풍기다가 환자복이 아닌 일반 옷을 입고 앉은 아버지를 보니 죽었다가 다시 살아온 듯하였다.

"여기가 좋아요?"

"좋고말고!"

어머니도 집으로 돌아가는 길에 말하였다.

"조용하고, 1층에 창문도 있고 참 좋더라. 직원들도 친절하고 여기 잘 왔다."

그때 나도 비로소 안심되었다. 메마른 콘크리트 건물 속에서 그저 밥만 먹고 잠만 재우는 것을 보고 몹시 안쓰러웠기 때문이다.

"알고 보면 이게 다 하나님의 은혜였어요. 얼마 남지 않은 아버지 인생을 예배드리며 편히 살라고."

그리고 다음 날 전화가 왔다.

"목사님이시죠. 여기 '작은 자의 집' 원장입니다. 제가 어제 자리를 비워 목사님을 뵙지 못해서 죄송합니다. 우리 작은 자의 집에 아버님을 보내주셔서 대단히 감사합니다."

"아닙니다. 제가 오히려 감사드려야 합니다. 제 아버지를 받아주셔서 감사합니다. 돌아보니 이게 다 하나님의 은혜였습니다. 정말 감사합니다."

"사실 우리 작은 자의 집에 오시는 분들은 다 하나님의 인도하심을 받고 오십니다."

"아, 그래요? 정말 귀한 은혜입니다."

그 요양원은 사회복지재단으로 장로교 여전도연합회에서 운영하였으며, 원장이 목사님이고 직원들도 장로님이나 권사님 등 모두 신자였다. 시설 분위기 자체가 어딘가 모르게 달랐다.

"오, 주여 감사합니다. 제가 하지 못한 마지막 효도를 주님의 자녀들로 하게 하시니 감사합니다. 이 풍성한 은혜의 바다에서 영성의 파도를 타고, '작은 자의 집'으로 이끌어주신 주님께 진심으로 감사드립니다."

'내가 분명히 말한다. 너희가 여기 있는 내 형제와 자매 중에 지극히 작은 자 하나에게 한 것이 바로 내게 한 것이다.' (마태복음 25. 40)

그리고 오늘, 청송의료원에서 대여한 휠체어를 차에 싣고, 아버지가 입을 옷가지와 양말 등을 챙겨 다시 '작은 자의 집'을 찾았다. 돌아오는 길에 어머니가 말했다.

"방이 따뜻하고 직원들도 친절해서 참 좋더라. 오늘 보니 거기 금방 가더라. 처음에는 그렇게 멀어 보이더니."

그리 말은 하였으나, 어머니의 모습을 보니 노인병이 많이 진행된 듯하였다. (2017. 10. 12)

1426. 죽음의 질곡

노숙자 사역을 시작하면서 시간이 없다는 핑계로 못 갔던 여행을 자매가 가자고 하였다. 16일 아침 8시에 영광으로 출발하였다. 법성포에 들러 굴비 정식을 먹고, 백수 해안도로를 따라 드라이브를 하였다.

광주에 들렀다가 담양 죽녹원을 찾아 관람하였다. 그리고 조금 떨어진 송강정에서 떡갈비로 저녁을 먹었다. 이후 보성으로 이동하여 녹차를 마시고 하룻밤을 잤다.

아침에 대한다원으로 올라가 차밭을 둘러보고, 벌교로 이동하여 꼬막 정식을 먹었다. 순천만으로 이동하여 습지 갈대밭과 국가정원을 둘러보았다.

그리고 부지런히 교회로 돌아왔다. 17일 저녁 10시였다. 이번 여행 38시간 동안 기쁨의 향연을 즐겼지만, 아울러 죽음의 질곡도 달려왔다.

크리스천 프로모터(promoter)로서 출발하였으나 성금 도둑이라는 책망을 듣고, 툰드라(tundra)보다 더 냉혹한 추위와 고통을 맛보았다. 다름 아닌 지독한 다리 저림이었다.

밤이 새도록 잠을 못 잔 것도 힘들었지만, 얼마나 고통스러웠는지 살

이 쭉 빠졌음을 느낄 수 있었다. (2017. 10. 18)

1427. 하늘 영광 밝음

높은 산을 오르고 있었다. 눈앞에 성벽이 보였다. 북쪽으로 올라갔더니 성벽이 어두침침하였다. 아래쪽에 성문이 있고 오래된 간판이 성벽에 걸려 있었다. '주눅 어쩌고'라고 씌어 있었으나, 어두운 그늘에 가려 그다음은 잘 보이지 않았다.

그때 갑자기 '하늘 영광 밝음'이 떠오르며 나도 모르게 그 찬양을 불렀다. 내가 악보 없이 자유자재로 부를 수 있는 몇 안 되는 찬송이었다.

> 하늘 가는 밝은 길이 내 앞에 있으니
> 슬픈 일을 많이 보고 늘 고생하여도
> 하늘 영광 밝음이 어둔 그늘 헤치니
> 예수 공로 의지하여 항상 빛을 보도다.

그러고 보니 오래전의 일이다. 직장 다닐 때, 사무실 옥상에 올라가 거닐며 하늘을 우러러 이 찬송을 불렀다. 새벽기도를 드리는 내내 이 찬송을 부르며 주님과 교통하였다.

"그래, 이제는 '어둔 그늘'이 아니라 '하늘 영광 밝음'이야. 옛 간판을 내리고 새 간판으로 바꿔 달아야 해." (2017. 10. 22. 주일)

1428. 생명의 불꽃

지게작대기처럼 바싹 마른 내 영혼이 보였다. 바지랑대같이 키가 커서 부러질까 조심스러웠다. 작은 바람에도 쓰러질 듯 맥없이 휘청거렸다. 그때 미약하지만 내 영혼의 심지에 생명의 불꽃이 피어오르고 있었다.

연한 다래 순 같은 것이 지게작대기를 휘감으며 올라가고 있었다. 당장 큰 활기는 없을지라도 당분간 최소한의 생명은 유지될 것으로 보였다.

하지만 너무 연약한 내 생명을 보고 적잖이 당황하였다. 그때 자리를 고쳐 잡고 돌아누우며 핸드폰을 열어 보니 0시 반이었다.

"아직 할 일이 꽤 남았는데."

이후 잠을 이룰 수가 없었다. 새벽기도를 드릴 때까지 이리저리 나뒹굴며 비몽사몽 중에 있었다. (2017. 10. 25)

1429. 동사리 딸

어느 날 딸 같은 아이가 내 손바닥에 주어졌다. 누군가의 보이지 않는 손에 의해 내게 건네졌다. 전에도 이런 일이 있었는데 이번이 2번째다. 그 사이에 아이가 조금 큰 것 같았다. 하지만 여전히 이상하였다.

눈도 없고, 귀도 없고, 코도 없고, 팔다리도 없었다. 다만 머리로 보이는 부분에 움푹 파진 구멍이 하나 있었다. 어찌 보면 20cm쯤 되는 동사리(민물고기) 같았다.

그때 아이가 처음으로 말했다. 윗입술로 "아…"라고 하더니 아랫입술로

"가…"라고 하였다. 비록 발음은 어눌하였으나, 그 말 속에 내포된 마음은 너무나 감동적이었다. 그 즉시 이심전심으로 해석되었다.

'아빠, 감사해요!'

비록 생긴 것은 보잘것없어도 딸과 같다는 생각에 연민을 느끼고 있었으나, 그 말을 들으니 얼마나 사랑스럽고 다정스러운지 양손으로 포근히 감싸주었다.

그때 아이가 우측으로 서서히 멀어지더니 내 눈에서 아주 사라지고 말았다. 하지만 슬퍼하거나 애통해 하는 사람은 없었다. 영원하신 하나님 아버지의 품으로 돌아간 것이 분명하였기 때문이다. (2017. 10. 31)

1430. 성욕과 노욕

새벽기도를 드리면서 주님과 진지하게 교통하였다.

"오, 주여! 결국은 또 한 대형 교회가 세습을 하나 봅니다. 총회에서 세습을 금하는 법까지 만들었다고 하지만, 어쩌면 덩치만 크면 다 그런지 모르겠습니다."

"자기를 떠받들어줄 자가 그래도 자식밖에 없지 않느냐? 세상에 믿을 놈이 하나라도 있어야 말이지. 그만큼 뒤가 구리다는 얘기야."

"믿는 자들이 어쩌면 그럴 수 있을까요?"

"그게 다 알고 보면 성욕 때문이야."

"예, 성욕?"

"성욕이 없으면 자식도 없을 것이고, 자식이 없으면 노욕도 없을 것이 아닌가?"

"성욕과 자식, 그리고 노욕?"

"성욕과 노욕은 반비례하지."

"반비례?"

"성욕이 왕성할 때는 자식 낳아 기르는 재미로 살다가, 성욕이 감퇴하면 돈을 생각하게 되고, 돈이 쌓이면 권세를, 권세가 주어지면 명예를 추구하게 되지."

"그렇다면 믿는 사람이나 믿지 않는 사람이 무슨 차이가 있습니까?"

"차이가 없어. 노욕은 누구에게나 정말 골치 아픈 존재야. 사실 물욕과 권세욕, 명예욕과 같은 탐욕은 누구에게나 쉽게 찾아와 드러나지만, 노욕은 속으로 포장하고 겉으로 합리화시켜 밖으로 잘 드러나지 않아. 그래서 믿음으로 극복하기 힘든 가장 심각한 괴물이야."

"주님이 이끌어주시면 가능할 것입니다."

"나도 마음대로 할 수 없는 것이 인간의 성욕과 노욕이란다. 사탄이 인간의 본능과 탐욕을 동시에 부추겨 만들어낸 지상 최고의 작품이야. 회개할 기회마저 주지를 않아."

"그것도 주님이 주셨지 않습니까?"

"아니야, 내가 준 것은 성욕과 식욕, 잠욕뿐이야. 인간이 스스로 물욕과 권세욕, 명예욕을 추구하였어. 그러다가 늙으면 꼭 노욕을 부리지. 노욕은 한 인간에 대한 사탄의 마지막 유혹으로서 누구나 넘어갈 수밖에 없는 지상 최대의 함정이야."

"오, 주여! 그러시면 우리가 어떡해야 합니까?"

"속담에 무자식이 상팔자라는 말도 있지."

"있지요. 하지만 그건."

"그래, 안다. 언젠가 바울이 말했지. 나와 같이 독신으로 지내는 것이 좋다고."

"생육하고 번성하라는 말씀도 있습니다."

"물론 있지. 하지만 나중에 바울이 또 말했지. 성욕으로 죄를 지을 염려가 있을 경우 결혼하는 편이 낫다고."

"성욕을 해소할 목적으로 결혼을?"

"그게 바로 문제야. 생육하고 번성하라고 준 성욕을 인간은 쾌락의 도구로 삼았어."

"믿음으로 절제할 수 있지 않을까요?"

"어느 정도 절제할 수 있겠지. 그리고 스스로 고자가 되기도 하고. 수도 생활도 하고."

"지금도 수사나 수녀와 같은 수도사가 있습니다."

"가톨릭교회의 경우지. 하지만 개신교는 어떤가? 오히려 결혼을 권장하고 있지. 각개전투식 무한경쟁 사회에서 살아남기 위한 수단이야. 그래서 대형교회 목사가 그 대가를 요구하게 되고 세습도 하게 되지."

"무슨 대책이 없을까요?"

"성경적 지역교회로 돌아가면 가능하지. 한 마을에 한 교회씩 말이야."

"가톨릭 교회면 가능할 것입니다."

"개신교는 16세기 특수 상황에서 파생한 공동체였어. 최선이 아니었어."

"그렇다고 해서 이제 개신교가 가톨릭 교회로 돌아갈 수는 없지 않습니까?"

"현실적으로 그것이 어디 가능하겠는가? 교권의 달콤한 유혹에 빠진 사탄의 하수들이 교회를 지배하고 있으니."

"하나님께서는 불가능이 없으십니다."

"부자의 물욕이나 교권자의 권세욕, 늙은이의 명예욕은 사탄이 만든 최고의 바벨탑이다. 성욕이나 식욕, 잠욕과는 그 태생이 다르다. 하지만 젊은이의 정욕과 늙은이의 노욕은 쉽게 말릴 수가 없다."

"인간의 욕구를 강권적으로 바꿔주시면 어떨까요?"

"개와 같이 6월에 1번씩, 소나 말과 같이 1년에 1번씩, 종족 번식을 위해 꼭 필요할 때만 성욕을 주고, 노욕이 생기기 전에 모두 죽게 하면 어떨까?"

"아닙니다. 주님! 그건 좀 곤란할 듯합니다. 젊은이는 자발적으로 절제하게 하시고, 늙은이는 스스로 섹스리스가 되게 하십시오."

"그래서 안 되는 건 안 되는 것이야. 하나님도 마음대로 할 수 없는 것이 젊은이의 정욕과 늙은이의 노욕이야. 사실 이것만 제어하면 세상 범죄의 99%는 사라질 것이다. 하지만 물욕과 권세욕, 명예욕은 믿음으로 어느 정도 극복할 수 있다."

"오, 주 예수여! 어서 오십시오. 마라나타! 아멘." (2017. 11. 1)

1431. 청년의 장례

새벽에 기도하면서 보니, 내가 어느 청년의 장례식을 집례하고 있었다.

"먼저 하나님 아버지께 영광의 박수를 드립시다."

그러자 사람들이 어리둥절하다가 마지못해 하늘을 향해 박수를 쳤다.

"이제 하나님의 품에 안긴 이 젊은이를 위해서 다시 한 번 박수로 영광을 돌립시다."

그러자 여기저기서 안도하는 소리가 들렸다.

"그렇습니다. 오늘 이 청년은 하나님의 나라로 돌아갔습니다. 우리는 누구나 하나님의 나라에서 왔다가 주님의 품으로 돌아가기 마련입니다. 이를 가리켜 사람들은 죽는다고 합니다. 하지만 죽는다는 말은 생물학적 표현일 뿐이며, 영적으로 보면 다 돌아가는 것입니다.

우리가 알다시피 주전 10세기에 솔로몬 왕이 살았습니다. 그는 지상에서 누릴 것은 다 누렸습니다. 1,000명이 넘는 아내를 두고 원 없이 살았습니다. 부귀영화와 공명은 물론, 지혜와 명철도 타의 추종을 불허했습니다.

하나님이 허락하신 본능적 욕구, 즉 성욕과 식욕과 잠욕을 마음껏 누렸으며, 사탄이 만들어놓은 세속적 욕심, 즉 물욕과 권세욕과 명예욕도 한껏 누렸습니다. 동서고금을 떠나서 이제까지 솔로몬처럼 잘 먹고 잘살아본 사람은 아무도 없습니다. 그런 그가 말년에 이렇게 말했습니다.

'헛되고 헛되며 헛되고 헛되니, 세상만사 다 헛되다. 사람이 한평생 수고하여 얻는 것이 무엇인가? 한 세대는 가고 또 한 세대는 오지만 세상은 변함이 없다. 지나간 세대는 잊히고, 지금 세대도 다음 세대가 기억지 않을 것이다. 하늘 아래 벌어지는 모든 일을 알아보려고 지혜를 짜고 심혈을 기울였더니 정말 괴로웠다. 하나님께서 주신 사람의 운명은 수고와 고생뿐이었다. 세상 모든 일이 헛되어 바람을 잡으려는 것과 같았다.'

그러면서 솔로몬이 마지막으로 말했습니다.

'이제 모든 일을 다 들었으니 결론은 이것이다. 하나님을 경외하라, 그분의 계명을 지켜라. 이것이 사람의 본분이다.'

그렇습니다. 우리는 하나님을 공경하고 두려워해야 합니다. 그분의 명령에 순종하고 말씀에 따라야 합니다. 우리의 지상 생활이 그리 길지 않기 때문입니다.

우리가 태어나 100년 산다고 한들 그것이 며칠이나 됩니까? 36,500일입니다. 시간으로 계산하면 876,000시간입니다. 돈과 권세와 명예는 사탄이 우리 앞에 파놓은 함정일 뿐입니다. 더 이상 아무것도 아닙니다. 부질없는 세상에 우리의 생명을 걸 이유가 없습니다.

우리의 본향은 하나님의 나라요, 우리의 원 위치는 주님의 품입니다. 우리는 모두 거기서 참 안식을 누릴 수 있습니다. 그리고 우리 주 예수 그리스도의 영원한 나라에서 평안히 살 것입니다.

오늘 하나님의 품으로 돌아간 이 청년은, 언젠가 우리와 재회할 것입니다. 그때까지 우리는 이 세상에서 수고를 좀 더 해야 하고, 이 청년은 하나님의 나라에서 안식을 취할 것입니다.

이제 다 함께 493장 찬송을 부르시겠습니다.

하늘 가는 밝은 길이 내 앞에 있으니
슬픈 일을 많이 보고 늘 고생하여도
하늘 영광 밝음이 어둔 그늘 헤치니
예수 공로 의지하여 항상 빛을 보도다.

내가 염려하는 일이 세상에 많은 중

속에 근심 밖에 걱정 늘 시험하여도

예수 보배로운 피 모든 것을 이기니

예수 공로 의지하여 항상 이기리로다.

내가 천성 바라보고 가까이 왔으니

아버지의 영광 집에 나 쉬고 싶도다

나는 부족하여도 영접하실 터이니

영광 나라 계신 임금 우리 구주 예수라.

아멘. 아멘." (2017. 11. 3)

1432. 폐실 공포증

아침을 먹으니 나른하고 점심을 먹으니 나른하여 오전과 오후에 한숨씩 자는 습관이 들었다. 오늘도 그렇게 하다가 오후에 꿈을 꾸었다.

어느 건물 안에서 2박 3일간의 일정으로 무슨 교육을 받고 있었다. 지하로 내려가는 계단에 서서 우리 팀을 상대로 설교하였다. 우리 팀은 모두 20명쯤 되었으나, 반은 자리를 뜨고 10여 명만 남아 내 설교를 들었다.

눈을 지그시 감고 나름대로 열심히 메시지를 전했으나, 나중에 보니 1명만 달랑 남았다. 그는 나와 가장 껄끄러운 사이였다.

그때 안쪽에 있던 사람들이 급히 밀려나오고 있었다. 무슨 불이 났는지 모두가 긴장한 상태였다. 서둘러 설교를 마쳤다. 나도 그들 틈에 끼어

떠밀려 나갔다.

그 와중에 어떤 사람이 다른 사람들의 머리를 툭툭 치면서 울고 지나 갔다가, 다시 돌아오며 또 그렇게 하였다. 나를 비껴간 것으로 봐서 사람을 골라서 치는 듯하였다.

"그래서 내가 그토록 일러주었건만 왜 말을 안 들어! 안 들기는!"

그 말을 듣고 사람들은 그저 멍하니 서서 맞은 머리를 긁적이며 겸연쩍게 서 있었다. 그 사이에 사람들이 자꾸 밀려나와 출입구 통로까지 꽉 찼다. 그런데 철문이 꽉 잠겨 있었다.

높이가 5m쯤 되는 철판이 빙 둘러싸인 감옥같이 보였다. 철문만 열리면 모두가 자기 집으로 돌아갈 기색이었다. 나도 마찬가지였다. 교육은 하루 정도 더 남은 것으로 보였으나 속히 집에 돌아가고픈 생각뿐이었다.

사람들이 하나둘씩 그 자리에 쪼그리고 앉았다. 이쪽 통로와 저쪽 통로, 지하실에서 올라오는 통로까지 사람들이 꽉 찼다. 모두 거기서 밤을 새울 요량이었다.

혹시 지하실에서 불길이라도 밀려나오면, 그야말로 집단으로 통구이가 될 듯하였다. 그때 인간들이 왜 그리 불쌍한지 눈물이 앞을 가렸다. 아울러 폐실 공포증이 물밀 듯 밀려왔다. (2017. 11. 4)

1433. 황량한 광야

새벽녘이었다. 이리 눕자 이 환상이, 저리 눕자 저 환상이, 돌아눕자 또 다른 환상이 보였다. 3개의 환상이 연거푸 이어졌다.

풀 한 포기 나무 한 그루 없는 황량한 광야를 걸어가고 있었다. 온통 불그죽죽한 바위에 흙먼지만 날리고 있었다. 그때 저 멀리 지평선 끝에 쪽문이 환하게 열려 있는 모습이 보였다.

"그래, 저 문으로 나가면 되겠구나!"

그리로 나가면 푸른 초원이 있을 것으로 짐작되었다.

"맞아, 저리 나가면 분명히 강이 있을 거야. 그 옆으로 풀밭이 있을 것이고 나무들도 우거져 있을 거야."

그때 문이 스르르 닫히기 시작하였다. 불그스름한 돌로 된 문이 옆에서 밀려와 "쿵!" 하고 닫혔다. 그러자 그 문은 흔적도 없이 사라지고 말았다. 사람이 열고 닫을 수 있는 문이 아니었다.

그러고 보니 내가 있는 곳이 거대한 동굴처럼 보였다. 하늘도 땅도, 사방천지가 모두 붉은 바위와 모래, 흙투성이였다. 정말 삭막하기 그지없었다.

그런데 거기가 바로 우리가 살고 있는 이 세상으로 보였다. 어떻게 하든지 그곳을 벗어나고 싶었지만, 우리 마음대로 할 수 없다는 사실을 나는 잘 알고 있었다. (2017. 11. 10)

1434. 열악한 환경

화장실 문을 열고 들어가 보니, 자매가 변기 위에 작은 무릎 수건을 깔고 앉아 무엇을 하고 있었다. 휴식 공간이 없어 그곳을 이용하는 듯하였다.

그리고 얼마 후 다시 보니, 이번에는 방에 있는 화장실이 아니라, 바깥 화장실 변기 위에 수건을 깔고 앉아 무엇을 하고 있었다. 자매가 나를 보더니 자리에서 일어나 밖으로 나갔다.

그래서 변기가 깨끗한지 살펴보았더니, 수건이 깔린 자리는 그런대로 깨끗하였으나, 물이 내려가는 구멍 속은 낡아서 시커멓고 지저분하였다. 열악한 환경 속에서 지내는 자매가 너무 안쓰러웠다. (2017. 11. 10)

1435. 고추 농사

올여름 탄저병으로 고추 농사를 망친 텃밭에, 건강한 고추나무 한 그루가 자라는 모습이 보였다. 나무는 작았지만 건강하게 자라는 고추를 보니 감개무량하였다.

손가락만한 고추가 싱그럽게 주렁주렁 달려 있었다. 아래쪽의 고추는 거의 딸 때가 된 듯 진홍색이었고, 중간의 고추는 아직 좀 더 익어야 할 분홍색이었으며, 위쪽은 푸른 고추에 연붉은색이 살짝 감돌며 막 익기 시작하였다. 그런데 걱정이 앞섰다.

"이를 어쩌지? 이제 곧 서리가 내릴 텐데." (2017. 11. 10)

1436. 칼과 객귀

새벽 미명에 환상으로 보이기를, 교회당 마당에 녹슨 식칼이 놓여 있었다.

"닭장에 있던 칼이 보이지 않아 호박을 자르지 못했는데 저기 있었구면. 그런데 누가 뭘 하다가 떨어뜨렸나?"

그러고 보니 뭔가 이상하다는 느낌이 들었다. 오래전에 있었던 일, 즉 객귀를 쫓아내려고 마당에 꽂아놓은 칼과 비슷하다는 생각이 들었다.

'얼싸, 객귀야 물러가라!'

하면서 칼로 바가지를 두드리며 주술을 외운 후, 그 바가지를 마당에 엎어두고 칼로 비스듬히 꽂아놓은 것을, 나는 어릴 적에 가끔 보았다.

그래서 속으로 웃으면서도 섬뜩한 느낌이 들었다. 지체 없이 일어나 교회당으로 나갔다. (2017. 11. 11)

1437. 위 캔 두

황량한 들판에서 노래를 부르며 무엇인가 계속 하소연하였다. 그러다가 새벽기도를 드리기 위해 일어날 시간이 되었을 때, 'We can do!(우리는 할 수 있다!)'라는 문장이 보였다.

이는 여러 문장 중에서 맨 마지막 페이지에 한 칸 띄어 돋보이게 씌어 있었다. (2017. 11. 12. 주일)

1438. 참소하는 자

예배를 드리고 나서 기력이 없어 고개를 푹 숙이고 있었다. 기분을 전환하려고 목욕을 했지만 마찬가지였다. 때를 밀다가 힘이 없어 머리를 떨어뜨리고 식은땀을 흘렸다.

무덤 속에 들어가 누워 있는 사람이 정말 편한 듯하였다. 그때 참소하는 자가 다가와 말했다.

"어쩌다 이 모양이 되었는고?"

"나도 몰라. 그냥 살다가 보니."

"그럼 다시 태어나고 싶어?"

"아니."

"왜?"

"인간이 싫어."

"인간이 싫다?"

"그래, 정말 싫어."

"그래도 다시 태어난다면?"

"아니야, 태어나고 싶지 않아."

"그래도 다시 태어나게 된다면?"

"태어나자마자 죽고 싶어. 아무 의식이 없을 때,"

"그렇게도 사는 것이 힘들어?"

"살아 숨 쉬는 자체가 힘들어."

"천국이 있다는 말을 믿어?"

"믿지."

"지금 살고 있는 여기가 천국이잖아?"

"그렇지."

"그런데도 죽고 싶어?"

"아니."

"사는 것이 싫다며?"

"세상은 싫어도 천국은 좋지."

"주님도 인간으로 태어났잖아?"

"그랬지."

"그러면 모순이잖아?"

"모순?"

"인간이 좋다고 하든지, 주님이 싫다고 하든지?"

"아니야."

"여기 있는 작은 자 하나에게 한 것이 곧 내게 한 것이라는 말이 있잖아?"

"있지."

"너의 주님은 작은 자, 작은 자는 인간, 고로 인간이 싫으면 너의 주님도 싫은 것이 아닌가?"

"그런가?"

"그렇지."

"아니야."

"아니라?"

"불행하게도, 내 주변에는 큰 자만 있어."

"누구?"

"모든 사람들."

"왜지?"

"나를 큰 자로 알아."

"큰 자로?"

"작은 자를."

"작은 자를 큰 자로?"

"그래서 힘들어."

"힘들다?"

"그래."

"한심한."

"한심해?"

"정말 한심한 자."

"내가?"

"네가 말하는 작은 자는?"

"가난한 자, 아픈 자, 슬픈 자, 힘든 자…"

"큰 자는?"

"부유한 자, 건강한 자, 권력자, 능력자…"

"교만한 자."

"내가?"

"불신자."

"내가?"

"큰 자와 작은 자의 기준은 없어."

"없다?"

"케이스 바이 케이스야."

"케이스?"

"상대적이야."

"상대적?"

"큰 자가 작은 자요, 작은 자가 큰 자야."

"하나님 앞에서?"

"세상에서."

"오, 주여!" (2017. 11. 12. 주일)

1439. 민들레 신앙

어제저녁 좀 일찍 잤더니 무슨 말이 반복해서 들렸다. 자다가 일어나 스마트폰을 열어 보니 2시가 막 지나고 있었다. 요즘은 영감 있는 말씀을 보거나 들어도 기억나지 않는 일이 잦았다. 그래서 스마트폰 노트에 몇 자 적어놓고 다시 눈을 감았다.

하지만 여전히 잠이 오질 않고 속도 불편하여 이리저리 뒹굴다가, 영감이 깃든 메시지를 2번이나 듣고 깜짝 놀라 일어나게 되었다. 분명히 음성 같았으나 음성만은 아니었다. 메시지 뒤에 느낌표까지 선명하게 보였기 때문이다.

"민들레 신앙!"

스마트폰을 열어 시계를 보니 6시 2분이었다.

"이런, 벌써 시간이?"

일편단심 민들레 신앙을 지키라는 주님의 뜻으로 여겨져 즉시 일어나 교회당으로 나갔다. 새벽기도 후 밖으로 나가 닭장과 텃밭을 한 바퀴 돌아보았다. 그리고 돌아와 아침을 챙겨 먹고 책상 앞에 앉았다.

그런데 오늘도 역시 간밤에 본 메시지가 생각나지 않았다. 그래서 스마트폰에 적어놓은 노트를 보았다.

"His will be done through shadow…."

무슨 뜻인지 헷갈려 인터넷을 찾아보니 '그의 뜻은 그림자를 통해 이루어진다.' 즉 '하나님의 역사는 눈에 보이지 않게 조용히 임한다.'라는 의미로 다가왔다. (2017. 11. 13)

1440. 외발자전거

높다란 외발자전거를 타고 청계천 복개 도로를 달리고 있었다. 차가 밀려 자전거가 주춤거렸다. 고가 도로 난간의 상판을 잡고 가까스로 멈춰 섰다. 아래쪽에 교통경찰이 서 있었다.

그에게 도움을 청하자 받아줄 테니 뛰어내리라고 양팔을 벌렸다. 하지만 너무 높았다. 1, 2m 정도면 몰라도 3, 4m쯤 되었는바, 서로 위험할 것 같았다. 콘크리트 바닥이 우리를 그냥 두지 않을 듯했다. 그래서 주춤주춤하며 뛰어내리지 못했다.

그리고 상당한 시간이 지났다. 어떻게 되었는지 나도 궁금하였다. 그때 다시 환상이 보였다. 아래쪽에 덤프트럭이 지나가고 있었다. 짐칸에 콩이 수북이 실려 있었다.

그때 간격도 1, 2m 정도밖에 안 되었고, 그 콩이 완충 장치가 되어 나를 안전하게 받아줄 것 같았다. 그래서 안심하고 뛰어내렸다. 위험한 순간을 쉽게 벗어났다. (2017. 11. 19. 주일)

1441. 한 공동체

여종과 은행에서 100원짜리와 500원짜리 동전을 입금하고 있었다. 여종은 동전 자루를 많이 들었고, 나는 500원짜리 동전 뭉치 7개만 들고 있었다. 그 모습을 보고 은행 직원이 자매에게 말했다.

"저기 저 손님 동전부터 먼저 받고 해드릴게요. 너무 오래 걸릴 것 같아서요."

그래서 내가 말하였다.

"아, 괜찮습니다. 한 공동체입니다."

"한 공동체요?"

"예, 한 교회."

그러자 직원이 고개를 갸우뚱하였다. (2017. 11. 19. 주일)

1442. 내 사랑

"힘이 드는 내 사랑…."

"힘이 드는 내 사랑…."

누가 한 옥타브(octave) 올려서 선창하면 누군가 한 옥타브 낮춰서 따라 하고, 누군가 한 옥타브 낮춰서 선창하면, 누가 한 옥타브 올려서 따라 하는 노랫소리가 은은하게 들려왔다.

무엇인가 애틋한 듯 감미롭지만은 않은 노래가 두세 차례 계속 이어져 눈을 뜨게 되었다. 시간을 보니 3시 48분이었다. 그리고 이어서 또 그 음정에 같은 방식으로 노래하는 소리가 들렸다.

"양산적 양득성 내 사랑…"
"양득적 양산성 내 사랑…"

어쩌면 이해할 것 같기도 했으나 생각할수록 해석이 어려운 노래였다. 어쩌면 지난 1년간 독수공방한 나와 관계가 있어 보였으나 확실치 않았다.

어쩌면 요즘 한창 이슈가 되고 있는 어느 젊은 남녀의 성폭행 논쟁과 관계가 있는지도 몰랐다. 어느 날 총각과 처녀가 서로 눈이 맞아 정을 통했으나, 나중에 여자가 변심하여 성폭행을 당했다고 남자를 고소한 사건이었다.

직장 상사와 부하 직원이라는 특수 관계로 봐서 여성이 성폭행을 당했다는 것이 대체적인 견해로 보였다. 그러자 남성이 그 다음 날 서로 주고받은 장황한 메시지를 언론에 공개함으로써 반전의 불씨를 지폈다.

사실 인간의 성욕은 하나님께서 허락하신 모성 본능이다. 식욕이나 잠욕처럼 누구나 가지고 있다. 하지만 성욕은 적절히 통제되어야 한다. 식욕과 잠욕처럼 자유롭게 사용될 수 없다.

하나님께서 종족보존의 수단으로 주신 성을 쾌락의 도구로 삼을 때 문제가 된다. 여성이 남성보다 약하다고 해서 피해자일 수만도 없고, 남성이 여성보다 강하다고 해서 가해자일 수만도 없다.

성이 개방된 사회에서 서로 좋아 바람을 피운 것이나, 본능적 욕구를 못 이겨 서로 타락한 것까지 성폭행이나 성추행이라는 잣대를 들이대기는 어렵다. 물론 사정과 형편에 따라 달리 해석하고 적용할 여지는 있을 것이다.

오늘날 각자의 양심에 따라 판단할 하나님의 심판을 인간적인 잣대로 무리하게 만든 세상의 법이 많다. 그에 따른 피해자를 일컬어 양심수라고 한다. 특히 서로 간의 특별하고 내밀한 관계에서 일어나는 성적 윤리 문제, 주초커피 문제, 양심적 병역 문제 등이 그렇다고 본다. (2017. 11. 20)

1443. 굿 뉴스

어머니의 언어와 행동이 예전과 같지 않아 병원에 모시고 갔다. 아버지의 병환으로 지난 1년간 여유가 없었던바, 이번에 담당 의사를 면담하여 물어보았다.

"제 어머니의 연세가 우리 나이로 83세이고, 파킨슨병을 앓은 지도 8년 차가 됩니다. 앞으로 시설 입소 등이 필요할지도 모릅니다. 장애 진단서를 발급받을 수 있는지요?"

아버지를 요양원에 모시고 보니, 앞으로 어머니까지 요양원으로 모시게 될지 몰랐기 때문이다.

"당연히 받을 수 있습니다. 그런데 지금까지 걸어 다니는 것으로 봐서 뭔가 이상한 점이 많습니다. 치매가 아니라 증후군일 수도 있습니다. 어머니 글씨 읽을 줄 알죠? 몇 가지 검사를 해봐야겠습니다."

그래서 아침부터 저녁까지 엠아르아이 머리 검사와 인지 장애, 기억력, 청력 등 총 6가지 검사를 마치고 의사의 소견을 듣게 되었다.

그런데 의사가 컴퓨터를 보면서 손가락으로 자판을 토닥토닥하면서 뭔가 잘못되었다는 듯 안절부절못하였다. 그러다가 뇌 사진과 검사한 용지를 보여주며 말하였다.

"아무래도 우리가 잘못 진단한 것 같습니다. 여기 보십시오. 뇌가 아주 깨끗합니다. 여기 기록된 검사를 봐서도 도저히 치매라고 볼 수 없습니다."

"아, 그래요! 참 좋은 소식입니다. 그런데 좀 황당합니다. 지난 8년간 그에 따른 약을 먹었는데 부작용은 없을까요?"

"괜찮습니다."

사실 어머니는 그동안 위장 장애를 호소하곤 하였다.

"그런데 팔은 왜 자꾸 떨립니까? 약을 먹지 않으면 더 심하고."

"그건 그냥 일반적인 떨림일 수 있습니다. 어지럼증은 저혈압 때문이고요. 혈압을 올려주는 약과 떨림을 방지하는 약을 지어드리겠습니다."

그래서 두 달 치의 약을 받아 집으로 돌아왔다. 그동안 새벽마다 드린 기도가 응답하여 기뻤으나, 어딘가 모르게 속은 기분이었다.

"할렐루야! 어쩌면 어머니가 100세까지도 건강하게 사실 수 있겠습니다." (2017. 11. 21)

1444. 거미줄

어느 산에서 누구와 대화를 나누다가 화장실을 가려고 길을 나섰다. 좀 더 멀리 가려고 중국을 택했다. 그때 나도 이상하게 생각되었다.

"아무리 자리가 그래도 중국까지 갈 일인가?"

그런데 가는 길이 예사롭지 않았다. 마치 정글 속을 걷는 것 같았다. 여기저기 거미줄이 쳐져 있었다. 거미줄을 걷어내며 앞으로 나아갔다.

어느 곳에 이르자 거미줄이 하늘을 뒤덮었다. 기를 쓰고 걷어내고 보니 위에 또 있었다. 팔을 뻗어 후려쳤더니 활처럼 휘어졌다가 되돌아왔다. 고무처럼 유연하고 낚싯줄처럼 단단했다. 걷어지거나 잘릴 성질이 아니었다. 포기하고 지나가려고 하였다.

그때 주둥이가 송곳처럼 뾰족한 새 2마리가 거미줄 난간에 있었다. 손으로 툭 치려고 하였더니 머리만 새였지 몸은 뱀이었다. 너무 징그러워 얼른 고개를 숙이고 그곳을 빠져나왔다.

그런데 내 발 아래쪽에도 녹색 뱀이 있었다. 그리 크지는 않았지만, 잔뜩 독이 올라 고개를 바짝 쳐들고 있었다. 그 순간 너무 놀라 꿈에서 깨어나고 말았다. (2017. 11. 22)

1445. 민망한 물건

어느 집에서 어떤 젊은이의 물건과 내 물건을 양손에 잡고 유심히 살펴보고 있었다. 외모는 비슷했으나 능력은 비교되지 않았다.

"이런, 내 물건은 물건도 아니구면."

그때 자매와 내 딸이 옆에 있었다. 자매가 민망히 여기며 말했다.

"무슨 그런 소리를! 그러지 말아요."

그 집은 10칸짜리였다. 비록 오래되기는 하였으나 효용성이 좋았다. 그래서 그 젊은이가 궁금한 듯 내게 물었다.

"이 집이 어떻게 되었어요?"

"얼마 전에 우리가 샀지. 법인에서."

그리고 마당으로 나갔다. 거름더미 옆에 물이 고여 있었다. 한쪽 구석에 하수구가 있었으나 모래로 꽉 막혀 있었다. 혹시나 하고 긁어내었더니 쭉쭉 소리를 내면서 물이 시원스럽게 빠져나갔다. 땅속의 배관에도 물이 고여 있는 듯 물 빠지는 소리가 한참 이어졌다.

그러다가 구멍에 모래가 차더니 다시 물이 고이기 시작하였다. 하지만 잠시 후 모래까지 구멍으로 빨려 들어가 물이 다시 빠졌다. 그리고 보니 우리가 소유한 집이 보일러실과 창고까지 모두 합해 총 10칸 정도 되었다. (2017. 11. 22)

제47편

늦가을 나무

1446. 불청객

자정이 약간 지나 불청객이 또 찾아왔다. 그냥 넘어갈 일이 아니라는 사실을 경험을 통해 잘 알고 있었다. 자리에서 벌떡 일어나 부엌으로 갔다.

물을 한 입 머금고 와서 사전에 지어놓은 약봉지를 찾아 한입에 털어넣었다. 목에 걸려 몇 알이 넘어가지 않았다. 목덜미에서 가슴 사이가 거북하여 계속 쓰다듬었다.

얼마 전 보성에 갔을 때처럼 그렇게 심하지는 않았으나, 잠을 못 자게 하는 고문은 예외가 아니었다. 천만다행으로 초저녁에 일찍 자고 일어났던바, 그런대로 견딜 만하였다.

누웠다가 일어나고 이리저리 나뒹굴기를 반복하다가 보니 3시쯤 되었다. 어느 정도 저림이 가라앉아 긴장을 풀고 편히 누웠다. (2017. 11. 24)

1447. 청각 장애인

그때 한 장면이 눈앞에 나타났다. 어느 큰길 사거리 모퉁이에 서 있었다. 내 양옆에 여자가 있었고 앞에 남자가 있었다. 3명 다 모르는 사람이었다.

그들이 무엇인가 협의하는 듯 머리를 맞대고 상의하기도 하고 진지하게 얘기도 나누었다. 그런데 바로 옆에 있는 나를 거들떠보지도 않았다. 눈길도 한번 주지 않았다. 아예 없는 사람처럼 여겼다.

그러고 보니 그들 눈에는 내가 보이지 않는 듯했다. 내가 투명 인간으로 생각되었다. 게다가 그들의 말소리가 전혀 내 귀에 들리지 않았다. 주변의 그 어떤 소리도 들리지 않았다. 청력을 100% 상실한 사람처럼 정말 답답했다.

그들의 입술과 얼굴 표정, 몸동작 등으로 무엇을 얘기하는지 대충 짐작하려고 하였으나 전혀 감이 오질 않았다. 어쩌면 생면부지인 나를 욕하고 있는지도 모른다는 생각이 들었다. 그때 청각 장애인의 심정을 어느 정도 알 만하였다. (2017. 11. 24)

1448. 청맹과니

그리고 얼마 후 거기서 조금 떨어진 다른 사거리 구석에 서 있었다. 그런데 분위기가 썰렁하였다. 신호등이 다 꺼져 있었다. 옆에 관공서처럼 보이는 건물이 있었으나 직원은 하나도 보이지 않았다.

바람 한 점 없고 세상 만물이 그대로 정지된 듯하였다. 생물은 다 죽고 무생물만 남았다. 자연의 생기까지 사라지고 없었다. 너무나 끔찍했다.

지구가 종말을 맞이한 것으로 보였다. 내가 보고 있는 눈이 전혀 의미가 없었다. 청맹과니 같았다. 아무도 보는 이가 없었는바, 나 혼자 보는 것이 무슨 의미가 있을까 싶었다.

인류가 멸망한 지구에 나 홀로 남은 것이 분명하였다. 보고 듣고 말하는 것이 아무 소용이 없었으며, 산 것이나 죽은 것이 조금도 다르지 않았다. 내가 누구를 믿고 어디에 소망을 두며 무엇을 사랑하겠는가? 이제 곧 나도 하나의 티끌로 사라질 것을!

"오, 주여!" (2017. 11. 24)

1449. 사이코패스

이어서 3번째 장면이 보였다. 조그만 사각 테이블에 앉아 밥을 먹었다. 그런데 내 바로 옆에 박 씨가 고개를 푹 숙이고 있었다. 초췌한 모습으로 앉아 몇 숟가락 안 되는 밥에 물을 부어 말아놓았다.

식욕을 잃은 듯 반 술 정도 떠서 입에 넣었다. 그것도 자기 손이 아니라 어떤 자매가 옆에서 도와주었다. 그 모습을 보니 너무나 안쓰러웠다. 인간적으로 연민의 정이 불일 듯 일어났다.

"아, 저 여자를 어떻게 좀 도와줄 수 없을까?"

그러면서 돌아보니 나도 모르게 내 마음이 180도 변해 있었다. 박 씨 소리만 들어도 징그럽던 마음이 연민으로 바뀌었다. 그때 죄는 미워도 죄인은 미워하지 말라는 말이 생각났다.

"오, 주여! 그동안 도저히 용서하지 못할 자라고 단정한 인간이 서넛 있었습니다. 국민을 무시하고 자기 이득만 챙긴 자들이라 도저히 용서받지 못할 것으로 여겼습니다.

그러나 이제 돌아보니 제가 바로 눈뜬장님이요, 귀머거리요, 벙어리요, 사이코패스였습니다. 이렇다고 미워하고 저렇다고 싫어하면 세상에 사랑받을 사람이 어디 있겠습니까?

내가 저들을 미워하고 싫어하니 저들도 용서받지 못할 것이고, 나 또한 저들로부터 용서받지 못할 터이니, 하나님께서 우리를 모두 용서하지 않을 것입니다.

'아버지여, 저들을 용서하여 주십시오. 저들은 자신이 하는 일을 모르고 있습니다.' (누가복음 23. 34)

아, 이제야 주님의 마음을 조금 알 듯합니다. 십자가상에서 부르짖은 바로 그 말씀을 말입니다." (2017. 11. 24)

1450. 첩 결혼

'큰 성공'이라는 친구가 결혼한다고 해서 축하하러 갔다. 그는 나와 동창생으로 환갑과 진갑을 넘긴 사람이었다. 그런데 신부를 보니 20대 초반의 앳된 아가씨였다. 그래서 옆에 있는 친구들에게 물어보았다.

"그러면 장인의 나이는 어떻게 되는 거야?"

"신랑보다 1살 많은 63세라고 하더군."

"어휴, 그나마 천만다행이군그래."

"처음에는 완강히 반대했대."

"당연하지 않은가?"

"신랑이 확실하게 다짐하고 신부가 설득했대."

"그런데 그 친구 마누라가 있잖아?"

"그렇지. 그러니까 첩 결혼이지."

"첩 결혼? 그런 것도 있나?"

"그만큼 능력이 있다는 말이지."

"참, 복도 많은 친구일세." (2017. 11. 26. 주일)

1451. 이상한 관례

'마지막 규정'이 이사를 했다는 연락을 받고 찾아가 보았다. 내가 살던 지하방이었다. 여기저기 화초며 그런대로 인테리어가 깔끔하였다. 창가에 의자를 놓고 앉으니 보성 녹차 밭 같은 경관이 한눈에 들어왔다.

나는 그 지하방보다 조금 환경이 나은 2층 집으로 이사를 마쳤다. 이 사람 저 사람과 만나 대화를 나누었다. 나도 모르게 무슨 의원이 되어 분주하였다. 그즈음 '마지막 교훈'이 찾아와 말했다.

"오늘 2번째 질의가 있잖아."

"나도 알고는 있는데."

"신경을 좀 써야 해."

하면서 이리저리하라고 시나리오를 들고 설명하였다.

"그리고 거기서 나올 때 어떻게 하는지 알지."

"어떻게?"

"그걸 뭐라고 하지?"

하면서 '마지막 교훈'이 옆에 있는 청년 직원에게 물었다. 그가 뭐라고 얘기하였으나 잘 알아듣지 못한 듯 이렇게 말했다.

"그러니까 다른 곳을 보면서 뒤로 슬쩍 문을 열고 빠져나오는 거야."

"무슨?"

"아무튼 그렇게 해. 그것이 관례야, 관례."

"음, 별 이상한 관례도 다 있군." (2017. 11. 26. 주일)

1452. 점진 열정

'점진 열정'과 어느 학교 담장에 나란히 앉아 아래쪽을 바라보고 있었다. 아이들이 한 친구를 방죽에 집어넣고 우리를 향해 뭐라고 소리쳤다.

그때 어떤 선생님이 우리 뒤를 지나가고 있었다. 그 말을 듣고 급히 아이들이 있는 곳으로 내려갔다. 그 모습을 보고 내가 가지고 있던 돈을 속주머니에서 꺼내 '점진 열정'에게 주었다.

그러자 그가 돈을 나누더니 자기가 절반 남짓 갖고, 절반 조금 못 되게 다시 돌려주었다. 그리고 아이들이 있는 곳으로 달려갔다. 급히 필요한 데가 있었기 때문이다.

1453. 아이들의 말

어머니와 함께 본가로 올라갔다. 어머니는 머리에 한 짐을 이고, 나는 등에 한 짐을 지고, 우리 집 우측에 있는 가추 창고로 들어가 내려놓았다. 그때 아이들이 길가에 놀고 있다가 그 모습을 보고 말했다.

"요즘 애들이 누가 저런 곳에 가겠는가?"

하지만 나는 어딘가 믿는 구석이 있었다. 그래서 아이들의 말에 개의치 않았다. (2017. 11. 27)

1454. 질투

이른 어둑새벽이었다. 어떤 집에 들어갔더니 어머니 친구 되는 아주머니가 아이들을 데리고 서둘러 나오며 말했다.

"어떻게 이런 새벽에 여기를?"

그때 아주머니는 내가 그들을 도우러 왔다는 사실을 은연중 알고 있었다. 평소에 나는 그들에 대한 연민이 있었고, 그들은 나를 의지했기 때문이다.

그런데 신작로로 나갔더니 우리 집 앞에서 자매가 앞치마를 걸치고 우리를 지켜보고 있었다. 그래서 그들을 읍내까지 데려다주려던 계획이 수포로 돌아가고 말았다.

자매가 수시로 질투를 하였던바, 그 사실을 아주머니도 알고 있었기 때문이다. 그래서 그들은 종종걸음으로 신작로를 따라 내려갔고 나는 집으로 돌아갔다. (2017. 11. 27)

1455. 대진 특보

어느 2층 집에서 청소하고 있었다. 노인들 살에서 떨어진 하얀 각질 부스러기가 수북이 쌓여 있었다. 아버지는 안쪽 방에서, 나는 바깥쪽 방에서 그것을 쓸어 담고 있었다. 마치 밀가루를 쏟아놓은 것 같았다.

그때 2층 창문까지 아이들이 목말을 타고 올라와 말했다.

"아이가 철망에 갇혀서 고래고래 소리를 지르고 있어요!"

그러고 보니 아버지가 내 아들을 철망에 가두고 꺼내주지 못하게 하였다. 아버지가 그 말을 듣고 말했다.

"숨통은 열어놨으니 숨은 막히지 않을 게다."

그 말을 듣고 내가 아이들에게 말했다.

"그 아이를 꺼내주어라."

그러자 아이들이 기뻐 환호하며 아래로 내려갔다. 그리고 얼마 있다가 아들이 내게 다가왔다. 얼마나 많은 시간이 흘렀는지 어린 아들이 건장한 청년이 되어 있었다. 그런데 아들의 얼굴이 하얗게 변해 있었다.

아들이 말했다.

"이제 '대진 특보'로 가요."

"그래, 이것만 끝내고 가자."

하지만 나는 아이가 말한 '대진 특보'가 어디에 있고, 그것이 무엇을 의미하는지 몰랐다. 아이에 대한 연민의 정이 깊어 무엇이든 다 들어주고 싶었기 때문이다. (2017. 11. 27)

1456. 후원 신청

올여름까지 교회당 시설 공사를 어느 정도 마무리하였다. 아울러 5,800만 원 상당의 빚이 늘어났다. 아는 사람의 소개로 서울에 있는 대형 교회가 시행하는 농어촌 미자립교회 지원 신청을 하게 되었다.

그런데 연합회의 추천서가 필요했다. 우리 공동체가 소속한 연합회에 협조를 구했더니 공문을 보내라고 하였다. 간사가 이 핑계 저 핑계로 차

일펴일하다가 오늘에야 총무팀장과 전화를 연결해 주었다. 성실 회원으로서 공문 교부에는 하자가 없지만, 그러한 추천서 발급에 대한 규정이 없다고 하였다.

자매가 그 지인에게 전화하여 사정을 얘기하고 물어봤더니, 교단 추천서가 아니라 초교파 단체인 지역 연합회 추천서가 필요하다고 했다.

그래서 지역 연합회 부회장을 만나 사정을 얘기했더니 운영 회칙에는 교파 교회만 가능하였다. 그래서 기도원도 교회가 아니라 반려되었다고 하였다.

어처구니가 없다 못해 한심하다는 생각이 들었다. 교파 교회만 교회라는 뜻인지. 그래서 결국은 추천서를 받을 수가 없었다. 하지만 잘 얘기하여 다음 모임에 상정하겠다고 약속하였다.

그 규정이나 회칙을 누가 만들었는지, 바리새인이 만든 장로의 전통과 무엇이 다른지, 예수님이 보시기에 어찌 생각하실지, 단체는 뭐고 교회는 뭐고 기도원은 뭔지, 고개를 설레설레 흔들게 했다.

그러자 자매가 말했다.

"사람 믿지 말고 하나님을 믿으세요!"

"그래, 하나님의 뜻이라면 합력하여 선을 이루실 것이다."

그리고 그곳 외에 우리 공동체 소속의 연합회 교회 5곳을 선정하여 후원 신청서를 보내기로 하고 그 사유서를 작성했다.

1. 우리 교회는 2006년 3월 경기도 광명에서 설립하여, 2008년 10월 경북 울진을 거쳐 영덕으로 이사하였으며, 연합회에 가입하여 오늘에 이르고 있습니다.

　　2008년 당시, 자기 가족은 물론, 태어난 곳과 이름, 나이도 모르는 무적자 노인, 평생 남의 집 머슴으로 살면서 알코올에 중독된 부부, 정신박약자로 사람 취급도 받지 못하는 여인, 지적 장애로 남의 집 허드렛일이나 하며 살아가는 사람 등이 이곳에 있는 것을 보고 작은 소명을 받았습니다.

이후 군청과 면사무소, 경찰서, 포항 종합병원, 법률공단, 마을 이장과 주변 할머니들의 도움을 받으며, 법원에서 성과 본 창설, 가족관계등록 창설 등의 절차를 거쳐 한 일가를 창립하여 주었으며, 이후 복지 대상자로서 의료와 주거 등의 지원을 받게 하였던바, 그 무적자 노인은 비슷한 처지의 여인과 가정을 꾸려 시장에서 폐지를 주우며 살아가고 있습니다.

또 남의 집 머슴으로 평생을 살다가 알코올 중독자가 된 간질병자 부부는, 일생에 한 번도 건강검진을 받은 적이 없었던바, 종합병원에 가서 검진을 받는 등 여러모로 애쓴 결과, 어느 정도 건강을 회복하였습니다. 하지만 세월을 이기지 못하고 얼마 전에 세상을 떠났습니다.

그 외에도 뇌병변 장애인의 금주 금연, 무학자 청년의 한글 공부 등 다양한 방법으로 작은 사람들을 돌보고 섬겼습니다. 사실 당시는 복지 사각지대에 놓인 사람들이 의외로 많았습니다. 물론 지금도 예외가 아닙니다.

2. 그렇게 10년이 훌쩍 지난 지금, 3번에 걸친 허리 수술로 척추 장애가 있는 할머니 집사님이 우리 교회를 섬기고 있으며, 지적 장애가 있는 그의 딸을 위해 기도하고 있습니다. 또 50대 필리핀 이주자 가족의 직장과 생활 안정을 위해 금식으로 기도하고 있습니다.

그리고 얼마 전, 따뜻한 식사 한 끼 제대로 못 하는 무의탁 독거노인들과 지적 장애인 등이 터미널 주변에 서성거리는 모습을 보고, 이웃 교회 권사님과 함께 그들에게 점심식사 봉사를 시작했습니다. 사실 복지대상자 대부분이 가족 없이 홀로 살아가는 형편인바, 그들에게는 하루 3끼 식사가 가장 큰 문제입니다.

이제 그들에게 따뜻한 밥 한 끼 대접하는 것이 우리 교회의 고정 사역이 되었습니다. 아울러 그들의 말벗이 되거나 밑반찬 봉사, 소일거리 제공 등을 통해 꾸준히 그들과 접촉하며 복음을 전하고 있습니다.

우리 교회는 한국에서 가장 작을지 모르지만, 불우하거나 불운한 이웃을 공궤하는 사역으로 초대교회의 정신을 이어가고 있습니다. 길거리에 있는 그들을 대접하는 것을 주님을 대접하는 것으로 여기며, 우리의 손길이 필요한 곳을 찾아 현장 섬김을 실현하고 있습니다.

3. 우리 교회 건물은 부천에 사는 한 전도사의 냉동 창고로서, 교회당으로 사용하는 한평생 무상으로 사용하는 조건으로 10년 전 계약하여, 친척과 지인에게 6,000만 원을 빌려 총 5차례에 걸쳐 지금의 교회당으로 리모델링하였습니다.

연간 교회 운영비는 550만 원 정도 들어갑니다. 전기료 60만 원, 수도료 15만 원, 통신료 90만 원, 난방비 80만 원, 차량 세금 및 연료비 300만 원 등입니다. 하지만 정기 헌금이 없는 교회로서 그마저 부담이 되고 있습니다.

교회 프로그램 비용도 모두 자비 부담입니다. 물론 필요한 경우 실비를 지급하고 있습니다. 터미널에서의 점심 봉사도 이웃 교회 공 권사, 최 집사, 우리 교회 이 자매가 자비로 섬기며, 밑반찬 지원이나 독거노인 방문, 축호 전도 등도 마찬가지입니다.

교역자 생활비도 특별히 없습니다. 돈이 없어 교회에 나가지 못한다는 농아인 할머니의 말(수화)을 듣고, 아예 헌금 없는 예배와 사례 없는 사역을 선포하였습니다. 이후 우리 교회는 헌금하는 순서가 없습니다. 자원하여 드리는 목적 헌금이나 후원금으로 운영하고 있습니다.

하지만 지금은 정기 후원이 없습니다. 서울의 한 장애인 선교회 감사로서 무급으로 섬기고 있으며, 부천에 사는 한 전도사의 건물을 교회당으로 사용하고 있으며, 울산의 한의원으로부터 한약을 지원받고 있으며, 노숙자 점심을 위해 두세 곳의 후원을 받는 정도입니다.

4. 앞으로 우리 교회는 소외된 이웃의 사정과 형편을 고려하여 필요한 부분은 도와드리고, 그들의 친구가 되는 교회로서 지역 사회를 위한 봉사를 확대할 예정입니다.

사실 우리 농촌 교회는 어디나 교인들이 줄어들고 있는 실정입니다. 대부분의 교회가 10년 전에 비해 교인이 절반으로 줄었습니다. 우리 교회도 6명에서 3명으로 줄었습니다. 노인들은 연세가 많아 돌아가시고, 젊은이는 뒷받침이 없으니 구조적으로 불가피한 실정입니다.

하지만 다행히, 우리 교회는 귀농, 귀촌을 희망하는 가정이 서넛 있습니다. 퇴직 후 내려온다는 사람들도 있습니다. 앞으로 그들을 받아들여 지역에 걸맞은 교회로 성장시켜서, 3년 내 10명의 일꾼을 양성할 목표로 기도하고 있습니다.

그리고 2017년 올여름까지, 3년 동안 5차례에 걸쳐 교회당 시설 공사를 마쳤습니다. 공사비로 빌린 5,800만 원의 빚은 남아 있지만, 15명이 식사할 수 있는 아담한 식당과, 그들이 숙식할 수 있는 공간까지 마련하였습니다.

따라서 내년부터 좀 더 다양한 프로그램을 도입할 수 있을 것입니다. 이번에 귀 교회의 지원을 받게 된다면, 우리 교회 운영에 큰 보탬이 되리라 생각합니다.

혹시 귀 교회에 농어촌 미자립교회 지원을 위한 예산이 없거나 부족할 경우, 거리낌 없이 이 문서를 폐기하여 주시기 바랍니다. 감사합니다.

(2017. 11. 28)

1457. 신학 세미나

어느 교회당에서 천장 공사를 하였다. 층고가 높아 중간에 3개의 천장을 추가로 하였다. 맨 먼저 서까래와 대들보 사이에 사람이 걸어 다닐 수 있을 정도로 천장을 만들었다. 그러자 삼각형 모양의 4층 다락방이 생겼다.

이어서 그 아래 새 천장을 하자 3층이 생겼으며, 맨 아래쪽에 미니 2층으로 반쯤 천장을 하였다. 그러자 단층 교회당이 4층 빌딩처럼 되었다.

그리고 숙식을 함께하면서 며칠간 신학을 토론하는 세미나가 열렸다. 그때 내가 잘 아는 신학자가 말하였다.

"글쎄요, 아무튼 그때 그들이 자기 주관대로 복음서를 달리 기록하여 어려움이 많은 게 사실입니다."

그래서 내가 조심스럽게 덧붙여 말했다.

"사실은 그런 점도 없잖아 있습니다만, 어떤 신학자는 이렇게 말하기도 합니다. 그때 그 사건이 딱 한 번만 있었다고 보기 어려운 부분이 많다는 겁니다.

가장 비근한 예로 예수님의 성전 정화와 마리아의 향유 사건을 들 수 있는데요. 어느 복음서는 예수님의 사역 초기에, 어느 복음서는 사역 후기에 기록하고 있습니다.

따라서 그 사건이 한 번만 있었다고 단언하기 어렵다는 것입니다. 예수님이 하신 일을 낱낱이 다 기록한다면 천하를 가득 채우고도 남을 것이라는, 사도 요한의 기록을 인용하면서 말입니다." (2017. 12. 1)

1458. 목욕

파티션 하나로 어설프게 막아놓은 부엌에서 막간을 이용하여 목욕하려고 옷을 벗었다. 그런데 윗도리 하나가 벗겨지지 않아 애를 먹었다. 무슨 옷을 그렇게 겹쳐 입었는지 내가 보아도 이상하였다.

그때 교계 지도자로 보이는 사람이 옆에 다가오더니, 누구와 얘기하며 쪼그리고 앉는 모습이 보였다. 허름한 팬티 사이로 항문이 빠끔히 보였다.

그러나 그 모습이 민망하게 여겨지지 않았다. 나 다음으로 목욕하기 위해 기다리는 것처럼 보였기 때문이다. (2017. 12. 4)

1459. 광야 건물

광야에 있는 어느 건물을 소제하고 있었다. 처음에는 작은 과도(果刀)를 들고 구석구석 돌아다니며 거미줄도 걷어내고 찌든 때도 벗겨냈다. 그런데 그러면 그럴수록 점점 더 더러워졌다.

그때 바닥에 긴 대나무 빗자루가 있었다. 그걸 주워 들고 사방을 돌아다니며 거미줄도 마저 걷어내고 먼지도 털어냈다. 의자를 놓고 올라설 필요가 없어 작업이 일사천리로 진행되었다.

한쪽 구석으로 칡넝쿨이 넘어와 휘감겨 있었으나, 빗자루로 탱탱 감아 확 잡아당겼더니 쑥 둘러빠져 속이 다 시원하였다. 그렇게 청소를 마치고 어딘가 떠나려고 채비를 하였다.

그런데 한 사람은 나와 함께 길을 나섰으나, 다른 한 사람은 양복까지 차려입고 나오더니 이런저런 핑계를 대며 머뭇거렸다. (2017. 12. 6)

1460. 봉사 순종

언덕 위의 용기네 집은 맨 동쪽에 있었고, 우리 집은 그 바로 옆에 있었다. 그리고 작은 외할머니의 집은 서쪽 맨 끝에 있었다.

그 언덕 오솔길을 따라가다가 손에 오물이 조금 묻었다. 왼쪽 언덕 아래에 큰 황소가 있다가 나를 위협했지만, 아랑곳하지 않고 작은 외할머니 집이 있는 서쪽 끝까지 갔다.

울타리 밖에 맑은 샘물이 흘러나오고 있었다. 손을 씻고 내친김에 얼굴까지 씻었다. 그때 용기가 뒤따라왔다. 용기의 손에도 오물이 묻어 있었다. 그래서 내가 일러주었다.

"저기 샘이 있으니 가서 씻어."

그런데 용기가 울타리 밖이 아니라 울타리 안쪽 마당으로 들어갔다. 그리고 나오면서 말했다.

"저기 우리가 아는 사람이 있네."

그러고 보니 마당 우물 옆에서 나물을 다듬는 아가씨가 있었다. '봉사 순종'이었다. 그 자매가 나를 보더니 생긋 웃으며 말했다.

"놀러 와."

"응, 그래."

어정쩡하게 대답하고 보니 자매의 외모도 아름다웠지만, 그 마음씨는 더욱 고왔다. 명절에 집에 가지 않고 독거노인 봉사를 하고 있었던 것이다.

그리고 뒷골목을 통해 신작로로 걸어 나오면서 보니, 낡은 우리 집이 수리되어 불이 환하게 켜져 있었다. 내가 어릴 적에 살았던 고향 마을이었다. (2017. 12. 7)

1461. 삼중 덫

신부 아버지의 승낙 하에 며느리를 맞게 되었다. 200만 원 정도의 돈을 마련하여 주었더니, 신부 아버지도 돈을 보내주며 말했다.

"작년에 큰딸을 치우고 올해 작은딸을 치우자니 힘이 좀 드네요. 정말 어렵게 맞추었습니다."

그러고 보니 2만 원짜리와 3만 원짜리 카드전표를 포함하여 현금을 조금 보태 200만 원을 보내주었다. 달달 긁어모은 돈임을 금방 알 수 있었다.

"어쩌면 사돈 네도 우리와 그리 사정이 비슷할꼬?"

그렇게 이쪽저쪽 양쪽의 빈자리를 어렵사리 채웠다. 그런데 다소 미심쩍은 공간이 있었다. 그곳으로 쥐새끼가 들어올지 모른다는 생각이 들었다. 그래서 빈 구멍마다 차꼬와 쥐약, 끈끈이를 놓으려고 하였다.

"아무리 영악한 쥐새끼도 삼중 덫을 벗어나진 못하겠지." (2017. 12. 15)

1462. 본능

작년에 백봉 오골계 1쌍을 사다가 길렀다. 올해 5월에 병아리 7마리를 부화시켰던바 4마리가 자라났다. 암놈 2마리와 수놈 2마리였다. 그런데 다 자란 수탉 2마리가 꼭 어미 닭만 못살게 굴었다.

얼마나 스트레스를 받는지 작은 체구의 어미 닭은 털까지 빠지고 모이도 먹지 못했다. 이 추위에 깃털이 빠져 몰골이 말이 아니었다. 하찮은 가끔이었으나 자식이 원수였다.

"도저히 안 되겠구먼. 저놈들을 당장 도태해야지."

그리고 보니 그놈들도 불쌍하였다.

'아직 1살도 안 된 어린놈들인데. 개처럼 1년에 한두 번씩 새끼 밸 때만 교미하는 것도 아니고. 한창나이에 시도 때도 없이 욕구는 넘치고. 교미 전쟁이 일어날 수밖에.'

"어휴, 사람이나 짐승이나 그놈의 본능 때문에. 때로는 생사를 좌우하기도 하는구나." (2017. 12. 18)

1463. 표리부동

여종이 자기 생각대로 돈을 쓰면서 이웃을 섬기는 일에 인색하여 심하게 나무라고 핍박하였다.

"싸가지 없는 년을 아예 죽여 버릴까 보다!"

하면서 땅바닥에 처박혀 있는 여종의 목을 잡았더니, 마치 새끼 수탉들에게 핍박받는 어미 닭 모가지처럼 느껴졌다.

"아차, 내가 또…"

그 순간 한없는 연민이 일어나면서 너무 불쌍하다는 생각이 들었다.

"아, 사람이 살면 얼마나 산다고…"

너무 크게 충격을 받아 환상에서 벗어나 현실로 돌아왔다.

"어휴, 정말 나는…"

가슴이 벌떡거리며 혈압이 솟구쳐 머리가 어질어질하였다.

"오, 주여! 이걸 어쩌란 말입니까? 겉으론 꼴도 보기 싫고 속으론 불쌍하고!"

그리고 얼마 후 다시 환상으로 들어갔다. (2017. 12. 18)

1464. 약(1)

알고 보니 이 세상 모든 사람이 환자였다. 그들이 무슨 약을 받으려고 줄을 서 기다리고 있었다. 언제 약을 받을지 부지하세월이었다. 그때 한 사람이 내 앞으로 헐레벌떡 달려와 말했다.

"그 박스를 내게 주고 어서 따라오시오!"

그때 나는 약을 받기 위해 작은 박스를 들고 있었다. 그리고 순천 갈대밭처럼 느껴지는 사람들 사이를 지나 약을 나눠주는 곳까지 갔다.

얼마 후 탁자 위에 분홍색 알약과 그보다 조금 작은 흰 알약 등이 10여 개 나왔다. 그런데 무슨 글자가 새겨진 작은 알약은 그 옆에 따로 있었다.

"조금만 더 기다리세요. 아직 몇 가지 약이 덜 나왔어요."

그래서 거기서도 상당한 시간을 기다렸다가 나머지 약을 받았다. (2017. 12. 18)

1465. 참 감사

어느 사무실에 있었더니 해군으로 보이는 하사관 몇 명이 들어와 다짜고짜 말했다.

"사정이 딱해 그러니 조금씩만 도와주십시오!"

그러자 내 앞에 앉은 직원이 주머니를 뒤적거리더니 500원짜리 동전 하나와 100원짜리, 10원짜리 동전 몇 개를 꺼내주었다. 그러자 그 하사관이 말했다.

"죄송합니다만 동전은 받지 않겠습니다."

그리고 내 앞으로 다가왔다. 그때 점심값으로 서랍에 1,000원짜리 몇 장이 들어 있었는데, 그 가운데 한 장을 건네주었다. 그러자 그가 선뜻 받아 내 뒤로 돌아가면서 내 왼쪽 양복주머니에 10,000원짜리 몇 장을 넣어주며 말했다.

"참 감사합니다." (2017. 12. 18)

1466. 참 평화

새벽기도를 마치고 닭장에 나가 보니 오랜만에 고요한 아침의 나라가 찾아왔다. 큰맘 먹고 젊은 수탉 2마리를 도태시키기 위해 격리했다.

날마다 죽는다고 소리를 꽥꽥 지르는 비명, 온종일 푸다닥거리며 쫓고 쫓기는 전쟁터, 아들 수탉 2마리가 늙고 왜소한 어미를 왕따시키며 집단 공격하여, 모이도 못 먹게 만드는 비상시국을 계속 두고만 볼 수가 없었다.

황금계 2마리와 백봉 4마리의 평화를 위해 젊은 수탉 2마리의 희생은 불가피했다. 고양이망에 넣어 도살장으로 가는 동안 철망에 대가리를 처박아 볏이 피범벅이 되었다.

허연 객물을 토하고 누런 물똥을 싸는 등 살기 위해 발버둥을 쳤으나, 결국은 1마리에 5천 원씩 받고 잡아주는 달인 아줌마에 의해 10분 만에 까만 통닭이 되어 나왔다.

"겉은 하얀 백봉이 속은 까만 오골계네요."

"이놈들은 약닭이에요. 새끼도 만 원씩 해요."

그리고 집으로 돌아오면서 곰곰이 생각하였다.

'내가 정말 피스메이커(Peacemaker, 평화 유지군)인가? 혹시 팍스로마나 (Pax Romana, 평화를 위한 폭군)는 아닐까? 아무리 생각해도 이 세상에서는 참 평화가 없어. 모두 가짜 평화야.

그래, 평화를 위한 전쟁은 불가피한 면이 있어. 정말 어쩔 수 없을 때가 있어. 어느 때는 살생이나 폭력도 감수할 수밖에 없어. 하지만 그렇게 하고 어느 누가 마음이 편하겠는가? 아, 어떻게 해야 주님의 참 평화를 누릴 수 있을까?' (2017. 12. 19)

1467. 죽는 날까지

오랫동안 비어 있는 집을 소제하고 있었다. 책상과 책장을 들어내고 먼지를 털며 바닥을 청소하였다. 자매가 옆에서 어설프게 돕고 있었다. 다부지게 달려들어 일하기를 바랐으나 마지못해 억지로 하는 눈치였다.

평소 이기적 마음과 상대방 무시, 지나친 편애 등이 너무 못마땅하였던바, 결국은 참지 못하고 한마디 했다.

"미친년같이."

"지랄하네."

"뭐라고!"

하면서 발로 가슴팍을 세게 차 버렸다. 순간 척추가 꺾여 죽지 않을까 싶어 깜짝 놀랐다.

'아, 이 모난 성질을! 세상에서는 천사 같은 내가, 왜 유독 자매에게만 이럴까?'

그때 평소 동그란 자매의 코가 칼처럼 뾰족 세워져 고릴라 코같이 벌렁거리는 모습이 보였다. 더 이상 반발하면 맞아 죽을지도 모른다는 생각이 들었는지, 이를 악물고 분을 삼키는 듯하였다.

그 모습을 보고 충격을 받아 잠에서 깨어났지만, 나의 이중성에 나도 어쩔 줄을 몰랐다.

'도대체 왜 그럴까? '천사표(天使標)'라 불리는 내가 왜 유독 자매에게만은, 저 자매는 이해하지 못할까? 죽어가고 있는 저 불쌍한 인생을!'

그리고 한참 동안 허공을 응시하였다. 그때 영성 시인 윤동주(尹東柱, 1917~1945)의 '서시'가 뇌리를 스치며 다가왔다. 사실 언제부턴가 나는, 무슨 일이 있을 때마다, 이 시를 읊으며 시인의 영성을 되새겨보곤 하였다.

죽는 날까지 하늘을 우러러

한 점 부끄럼이 없기를

잎새에 이는 바람에도

나는 괴로워했다.

별을 노래하는 마음으로

모든 죽어가는 것을 사랑해야지.

그리고 나한테 주어진 길을

걸어가야겠다.

오늘 밤에도 별이 바람에 스치운다.

새벽기도를 드리다가 나의 부끄러운 모습에 시간 가는 줄 모르고 괴로워했다.

'아! 죽는 날까지, 죽는 날까지. 죽어가는 모든 것을, 모든 것을 사랑해야지. 정말 사랑해야지. 그리고 내 길을 걸어가야겠다.'

"아멘." (2017. 12. 22)

1468. 애호박

주님의 일을 하면서 호박을 키웠다. 그런데 물을 잘 주지 않은 듯 열매가 없었다. 메마른 호박넝쿨을 볼 때마다 안타까운 마음이 들었다. 그래서 어느 날부터 관심을 가지기 시작하였다.

'그래, 아무리 바빠도 물은 좀 챙겨서 주자.'

이후 호박넝쿨이 생기를 찾더니 열매를 맺기 시작하였다. 5개 넝쿨 가운데 4개가 제대로 자라서 애호박이 주렁주렁 달렸다. (2017. 12. 26)

1469. 연말 정산

그리고 연말 정산을 통해 13월의 월급이 나왔다. 첫째와 둘째 사람의 명세서를 보니 오히려 마이너스였다. 그런데 내 환급액은 380만 원이나 되었다.

아무리 생각해도 믿기지 않았지만, 대단히 기뻤다. 하지만 그 명세서를 볼 때마다 금액이 변했다. (2017. 12. 26)

1470. 설교

작은 이동식 강대상 앞에서 설교하고 있었다. 자매 2명이 열심히 듣고 있었으나 분위기는 썰렁하였다. 어린아이 서너 명이 이리저리 뛰어다니며 소리를 지르고 놀았던바, 분위기는 더욱 산만하였다.

그때 내가 선 자리에 발이 쑥 빠지는 느낌이 들었다. 비닐장판을 깔기는 하였으나 그 아래 마룻바닥이 꺼져 발이 내려갔다. 주변이 모두 꿀렁꿀렁하여 신경이 쓰였다. 그래서 설교를 하면서도 이리저리 발을 옮겨놓으며 주의를 기울였다.

그러자 자매들도 내 설교에 흥미를 잃은 듯 점심식사를 준비하러 주방으로 나갔다. 다행히 주방과 예배당이 벽 하나를 사이에 두고 문이 없어 설교는 들을 수 있었다.

그렇게 하여 나는 텅 빈 예배당에서, 아이들이 이리저리 뛰어다니는 산만한 분위기 속에서, 꿀렁거리는 바닥에 신경을 쓰면서, 목소리를 높이며 고군분투할 수밖에 없었다.

그런데 아무리 소리를 질러도 알아주는 사람이 없었다. 주변을 살피다가 꼬꾸라진 마이크가 옆에 있음을 보았다. 혹시나 하고 마이크를 잡아 스위치를 올리고 소리를 질렀다. 그러자 우렁차지는 않았지만, 한결 나았다. 마이크를 잡고 한껏 소리쳤다.

"그러므로 여러분! 언제 어디서나 우리와 함께하시는 임마누엘의 하나님을, 창세기부터 요한계시록까지 이어지는 성경의 역사를, 그리고 우리의 인생을 하나로 묶어 통째로 보아야 합니다!"

그러자 부엌에서 "아멘!", "아멘!", "아멘!"하는 소리가 들려왔다. 분명히 2명의 자매가 부엌에 있었는데, 3명 이상의 소리가 들려 의아하였다.

그 소리에 고무되어 나는 더욱 소리를 높여 설교하고 마무리를 하였다. 하지만 그 뒤로 이어진 설교는 기억에서 사라지고 말았다.

이는 오늘 낮잠을 자다가 잠시 본 환상이다. (2017. 12. 29)

1471. 오밤중 사탄

새벽 2시경에 추악한 사탄이 또 찾아왔다. 모든 사람이 잠잘 때 이제는 대놓고 내 목숨을 위협하였다.

'아아, 이러다가 정말 부지불식간에 이 더러운 사탄에게 목숨을 빼앗길 수도 있겠구나?'

"오오, 주여! 저를 불쌍히 여겨주소서."

자리에서 벌떡 일어나 물을 한 컵 따라 들고 왔다. 책상 서랍에서 '고

저림'이라 쓰인 약봉지를 찾았다. 노란 캡슐, 분홍색, 녹색, 하얀색 등 알약 6개가 든 봉지를 뜯어 한입에 틀어넣었다.

하지만 약 효과가 금방 나타나지 않는다는 것과 통증이 쉽게 가라앉지 않는다는 사실을 익히 알고 있었는바, 나름대로 단단히 각오하고 있었다.

하지만 오늘은 그래도 좀 나았다. 오전과 오후에 자고, 초저녁부터 잤기 때문에 졸림에 대한 부담이 적었기 때문이다. 이를 악물고 배를 비비며 다리를 주물렀다.

"오오, 주여! 저에게 힘을 주소서. 아직 할 일이 있습니다."

'그래, 그러고 보니 그동안 내가 나 자신을 너무 소홀히 대했어. 오늘부터 당장 아침 체조를 해야겠어. 점심때는 안마를, 오후에는 자전거를 타고 운동을 해야겠어.

그리고 자매를 임직해 뒷일을 도모하고, 7월에는 내 명의로 된 논을 주인에게 이전시켜 줘야겠어. 영해 집도 손해가 없으면 팔아 최대한 빚을 정리하고, 그래도 남는 빚은 최선을 다해 갚아야겠어.'

"오오, 주여! 사탄이 제 목숨을 농락하기 전에 죽음을 예비하게 하소서."

'그래, 날마다 죽음을 예비하는 자는 행복하다고 했어. 행복하다고.'

(2018. 1. 9 새벽)

1472. 이니셔티브

농협에 들러 석유와 사료를 사서 집으로 가려는데 누가 슬쩍 지나가며 인사했다.

"안녕하세요."

"예, 안녕하세요."

얼떨결에 대답하고 보니 이웃 교회 목사님이었다. 가장 가까운 거리에 있었으나 약 10년 만에 만났다. 해도 바뀌고 해서 반갑게 악수를 청하였다.

"그동안 잘 지내셨습니까?"

그러자 그가 대뜸 말했다.

"그런데 누구 맘대로 거기 교회를 개척했소?"

"예? 무슨 교회를?"

"내가 허락하지 않았잖소?"

"아니, 갑자기 그게 무슨 말씀입니까? 10년 전에 개척한 교회를. 그리고 목사님이 하나님이십니까? 허락받고 개척을 하게."

"거기가 내 구역이란 말이오."

"10년 전에 만나서 다 얘기했지 않습니까? 목사님 승낙 없이 목사님 교회 교인은 받지 않는다고? 그리고 이제까지 그 약속을 지켰고."

"그때 나한테 개척하지 않는다고 했잖소?"

"무슨? 그때 이미 우리 교회가 있었습니다. 장로님들이 옆 동네에 교회가 생겨서 걱정한다고 해서 목사님께 그렇게 말씀드렸던 것입니다. 그리고 그 약속을 틀림없이 지켰고요. 우리 교회 바로 옆에 사는 할머니도 그토록 우리 교회로 나오기를 원했지만, 목사님이 승낙하지 않아 결국은 나오지 못하고 돌아가셨습니다. 무슨 말씀을 하시는지 도무지 이해가 되지 않습니다."

"사실은 그쪽 교단 목사님이 내게 전화를 해서 나더러 그 교회를 인수하라고 했어요. 그래서 내가 얘기하는 겁니다. 내가 왜 그 교회를 인수해야 합니까?"

"예? 아, 그러고 보니 목사님께서 무슨 오해를 하신 듯합니다. 우리 교회는 교단 자체가 없습니다. 그런 얘기할 사람이 없어요. 저는 지난 10년 동안 두문불출하고 지냈습니다."

"그래도 내가 허락하지 않았잖소?"

"참, 목사님도. 정말 이상하시네. 내가 교회 개척하는 데 목사님께 승인받을 이유가 어디 있습니까?"

하면서 길가에 서서 옥신각신하고 있을 때 자매가 우체국에 갔다가 돌아오면서 그에게 인사했다.

"안녕하세요, 목사님!"

"아! 예, 사모님. 안녕하세요!"

그때 나는 생각할수록 더욱 성질이 나서 크게 소리를 질렀다.

"내가 왜 새까만 목사한테 개척한다고 승낙을 받습니까? 그것도 10년 전의 일을! 내가 그쪽 교단 목사입니까?"

그러자 그가 종종걸음으로 물러가면서 말했다.

"얘기가 안 되는구먼."

집으로 돌아오면서 자꾸 캐물어 대답했더니 자매가 맞장구쳤다.

"오라면 오고 가라면 가고, 우리가 너무 굽실굽실해서 우습게 보는 거예요. 새까만 사람이 말이에요. 전혀 신경 쓰지 마세요. 우리 교회가 부흥하려고 하니 사탄이 훼방하는 거예요."

그러나 나는 몇 시간 동안 계속 가슴이 두근두근거렸다. 무슨 영문이지 자세히 알아보지도 않고, 생전 처음 이웃 목사님에게 큰소리를 쳤기 때문이다. 그동안 나는 누가 뭐래도 꾹 참고 지냈다. (2018. 1. 10)

1473. 주님의 계시

아침에 일어나자 자매가 물었다.

"새벽에 제가 무슨 소리를 질렀잖아요? 글쎄, 오래전에 돌아가신 엄마가 나타나 제 물건을 친구들에게 다 나눠줬어요. 그리고 작은 비누와 손거울, 참빗을 주면서 말했어요.

'이것으로 다시 시작하여라.'

그래서 제가 말했어요.

'엄마, 내가 18살이에요?'

그러다가 소리를 지르게 되었어요. 그런데 이것이 무슨 뜻일까요? 분명히 무슨 의미가 있는 것 같은데."

그래서 내가 일러주었다.

"자신의 물건을 친구들에게 다 나눠줬다는 것은, 이제까지 살아온 방법과 스타일을 모두 버리라는 뜻이야. 그리고 작은 비누와 손거울, 참빗의 의미는, 비누로 깨끗이 씻고 항상 거울을 보면서, 머리를 가지런히 빗으라는 뜻이며, 그 소품이 작았다는 것은 소박하고 검소하게 살기를 바란다는 뜻이야.

그러니 이제부터라도 오만한 옛사람을 벗어버리고, 겸손한 새사람을 입으라는 주님의 계시가 아니겠는가?" (2018. 1. 20)

1474. 물리 치료사

허리 통증이 심했다. 새벽에 일어나 세수하려고 허리를 꾸부렸더니 찌릿찌릿하여 결국은 주저앉아 겨우 씻고 나왔다.

"오, 주여! 오늘도 할 일이 많습니다. 종의 허리를 고쳐주십시오."

아침을 먹고 병원을 찾았다. 다행히 영해에 얼마 전 개원한 신경외과가 있었다. 사진을 찍어보니 그리 심한 것은 아니었다. 주사 맞고 물리 치료받으며 3일 치 약을 먹으라고 하였다. 그때 물리 치료사가 말했다.

"다리 장애로 골반이 많이 틀어졌네요. 이런, 이런! 어깨도 많이 뭉쳤네요. 허리 치료가 끝나면 어깨도 치료를 받으세요. 그리고 내 말을 명심해서 들으세요. 허리가 아프면 인생 끝납니다. 아무것도 못 해요. 그리고 이건 내가 34년간 이 일을 하면서 깨달은 지혜이니 꼭 실천하세요.

첫째, 오래 앉지 마시고, 자주 일어나 허리를 돌리세요.

둘째, 엉거주춤하지 마시고, 똑바로 앉고 서고 걸으세요.

셋째, 엎드리지 마시고, 반듯이 눕거나 옆으로 누우세요.

넷째, 성질 내지 마시고, 무엇을 하든지 차분하게 하세요.

이 4가지만 지키면 평생 허리 아파서 병원 찾아올 일이 없습니다. 알았죠. 꼭 명심하세요."

그때 '노인이 보여주는 지혜가 훌륭하다'는 집회서의 말씀이 생각났다. 그래서 병원을 나오면서 접수하는 간호사에게 물어보았다.

"물리 치료만 따로 받을 수 있죠?"

"예, 접수하실 때 그렇게 말씀하세요." (2018. 1. 23)

1475. 따듯한 겨울

그저께 아랫마을에 사는 손님이 찾아왔다. 김○○이라는 사람이었다. 말이 어눌하여 1/3은 알아듣기 힘들었다.

"내 생일이 5살 늦게 되었어요. 동생뻘 되는 애들이 나보고 동생이라고 놀려 쪽팔려서 죽겠어요."

"면사무소에 가 봤어요?"

"면에 가서 얘기했더니 가산교회 목사님을 찾아가 보라고 했어요. 전에 ○○형과 윤 씨도 해줬다면서요."

"아! 예, 맞아요. 내가 도와줬어요. 내일은 독거노인 식사 봉사 때문에 안 되고, 모레 아침 일찍 만나서 해 봅시다. 서류가 이것저것 꽤 많이 들어가거든요. 모레 시간 어때요?"

"예, 아무 때나 괜찮습니다. 요즘 사과밭 거름 깔고 전지하고 있어요."

그리고 이런저런 얘기를 1시간 반쯤 나누다가 돌아갔다.

오늘 아침 9시에 면사무소로 나갔다. 10분이 지나도 오지를 않았다. 전화를 했다.

"김○○ 씨, 오늘 9시에 만나기로 했잖아요? 어디 오고 있습니까?"

"아, 아아아. 주, 주주 준비하고 있어요."

"그래요, 준비하고 천천히 나오세요. 주민등록증과 도장 가지고요."

그리고 한참 지나서 그가 왔다.

"좀 늦었네요."

"너무 추워서 오토바이 시동이 안 걸렸어요."

"그러면 어떻게 왔어요?"

"걸어서요."

"저런, 이 추위에. 전화를 하지."

그의 신분증을 받아 우선 주민등록등본, 기본증명서, 가족관계증명서, 그리고 돌아가신 부친의 제적증명서 등을 뗐다. 그리고 초등학교로 이동하여 졸업증명서와 생활기록부를 신청했다.

주민등록상 생년월일은 1967년 5월 5일, 생활기록부상 생년월일은 1963년 4월 5일이었다. 그런데 문제가 생겼다. 주민등록상 이름은 '김△△'이고, 졸업증명서와 생활기록부에 기록된 이름은 지금 집에서 부르는 '김○○'이었다. 이름과 생년월일이 모두 달랐다.

다행히 생활기록부에 그의 부모 이름이 나란히 기재되어 있었고, 비고란에 어머니가 벙어리라 특별한 지도가 요청된다고 기록되어 있었다.

제적등본을 살펴보니 그의 말대로 다른 가족은 없었다. 그가 3대 독자였다. 또 제적등본 중간쯤에 그의 부모가 혼인 신고한 날이 기록되어 있었다. 그의 주민등록상 생년월일과 같은 1967년이었다.

그러고 보니 어느 정도 실마리가 풀리는 듯하였다. 그는 그의 부모가 혼인신고하기 전에 태어났다가, 면 서기에 의해 강제적으로 이름과 생년월일이 바뀌었다.

그래서 일단 그 서류만 가지고 법률구조공단을 찾았다. 자초지종을 설명하였더니 상담자가 말했다.

"여기 판사님들 대부분이 30대나 40대 초반입니다. 우리는 이해한다고 하지만 그들이 이런 일을 알아듣겠습니까? 친자나 친부같이 꼭 필요한 사항은 몰라도, 생년월일 정정은 노령연금 등, 돈과 직접 관련되어 잘 안 받아들입니다. 이는 전적으로 판사의 재량입니다."

"예, 그 말씀은 충분히 이해합니다. 하지만 이 사람의 부모가 다 장애인이고, 그때 의사소통이 잘 안 되어 그런 것 같으니, 일단 신청해 주십시오. 필요한 서류는 다 떼다가 드리겠습니다."

"그러나 된다, 안 된다는 장담 못 합니다."

"예, 알겠습니다."

그렇게 해서 다시 면사무소로 돌아가 혼인관계증명서, 모친 장애인증명서와 기초생활수급증명서 등을 추가로 떼고, 농협에 들러 조합원확인서와 금융거래확인서를 발급받았다. 그런데 문제는 인우보증서였다. 그의 친구가 그 동네에 살았으나, 출타하고 집에 없었기 때문이었다.

"곰곰이 생각해보세요. 김○○ 씨를 아는 사람이라면 남자나 여자, 나이에 관계없이 누구나 가능합니다. 한 사람은 내가 하면 되니 한 사람만 더 있으면 됩니다. 내 이름 옆에 그의 이름만 써주면 됩니다."

그래서 영해로 이사한 김◇◇ 씨를 찾아가 사정을 얘기하고, 인우보증서에 도장을 받아 구조공단으로 다시 갔다.

"이리 오세요."

"예, 여기 있습니다. 그런데 범죄경력증명서는 법원에서 촉탁으로 한다고 하여 못 받았습니다."

"요즘 사고나 많이 나서 그런가 보군. 알았어요."

"그리고 보시다시피 이 사람의 말이 좀 어눌합니다. 혹시 의사 전달이 안 될 수도 있으니, 송달 장소는 제 주소로 하시고, 연락처도."

"알았어요. 불러주세요. 그리고 다시 한 번 말씀드리지만, 된다, 안 된다고 장담은 못 하니 그렇게 아세요."

"예."

이렇게 어렵사리 신청서를 작성하여 도장을 찍어주고 나왔다. 다방에서 급히 수기로 작성하여 도장을 받고 제출한 인우 보증서의 내용은 이렇다.

'위 김○○(주민등록상 이름은 김△△)은 경북 영덕군 창수면 신기리에서 태어나, 보증인들과 함께 농사를 지으며 60년 가까이 살고 있습니다. 그의 부친(망 김□□)도 20년 전 돌아가시기 전까지 우리와 함께 50년 가까이 농사를 지었습니다.

김○○의 부친과 모친은 둘 다 장애인으로 문맹이었으며, 동거하면서 아기(김○○)를 낳아 기르다가, 약 5년 후 혼인신고를 하였습니다. 이는 동네 사람들이 거의 다 아는 사실입니다. (부친 망 김□□의 제적등본 참조)

그때 면사무소 서기가 임의로 주민등록을 수정한 것으로 짐작되는바, 김○○의 이름이 김△△으로 바뀌고, 생년월일도 1963년 4월 5일에서 1967년 5월 5일로 바뀌었습니다. (부모의 혼인신고 일자와 맞추기 위해)

이는 그 부모와의 의사소통 곤란으로 그렇게 처리된 것으로 보이며, 지금도 집에서 부르는 이름은 '김○○'입니다. '김△△'라고 하면 거의 다 모릅니다. 이 사실을 그가 징병검사를 받을 때 비로소 알게 되었습니다.

위 내용이 틀림없음을 확인하고, 이에 인우보증서를 제출합니다.'

(2018. 1. 25)

예스 10, 별들의 고향

제48편

단풍잎 편지

1476. 세미나

　세미나는 토론과 강론으로 구성된다. 이는 예수님의 제자 공동체 교육 방식과 바울이 두란노서원에서 교인을 양육한 프로그램에서 그 모습을 엿볼 수 있다.

　예수님은 군중을 상대로 강론하신 후 제자들의 의문을 일일이 풀어 해석하여 주셨고, 바울도 열띤 토론을 거쳐 강론하는 방식으로 2년간 에베소 교인들을 가르쳤다. 그렇게 하여 모든 교인을 제자로 양성하여 전도자로 파송하거나 교회 지도자로 세웠다.

　얼마 전 영해 시내에 있는 장로교회에서 성경적 그리스도인의 삶에 대해 제직 세미나를 해달라는 부탁을 받았다. 처음에는 적잖이 고민되었으나, 나중에는 하나님의 뜻으로 다가와 기뻐하였다.

　그런데 무엇을 강론하고 토론할 것인가? 종교와 기독교, 교회와 그리스도인, 제직의 직무와 덕목, 청지기 정신 등을 설명할 것인가? 아니면 남들처럼 디도서 1장과 디모데전서 3장을 중심으로 말씀을 강론할 것인가?

　그러다가 내가 나름대로 성경을 연구하면서 저술한 『예수 교의』 1권과 2권의 내용을 간추려 가르치고, 그 책을 원하는 사람들에게 선물하기로 하였다.

　그리스도를 바로 알고 제대로 믿어 풍성히 누리는 영성을 주제로 삼았더니, 강의를 위해 특별히 준비할 필요도 없었을 뿐만 아니라, 그 교회 목사님이 요구하는 취지를 살릴 수 있었다.

　그리고 시간이 주어지면, 하나님과 예수님, 사람, 천사, 사탄이라는 역사의 주체가 성경의 역사에 나타난 시대별로 어떠한 역할을 하였는지, 그에 대해 살펴보는 것도 의미가 있을 것 같았다.

하나님께서는 영으로서 창조주요, 우리의 유일한 아버지시다. 자율, 신정, 인자, 은혜, 자치 등 각 시대를 통해 우리는 물론, 우주만물을 보호, 보존하시고 다스리신다.

예수님은 하나님의 외아들로 성육신하여 십자가를 지심으로써 대속의 죽음을 죽으셨고, 만유의 주재로서 우리와 영원히 함께하시며, 장차 심판주로 다시 오실 것이다.

사람은 하나님의 생명을 받아 유일무이한 생령이 되었으나, 죄를 범함으로써 하나님과의 관계가 소원하게 되었던바, 이제 예수님을 구세주로 믿고 영접하여 하나님의 자녀로 되는 특권을 받았다.

천사는 하나님의 심부름꾼이다. 가브리엘 천사는 우리에게 좋은 소식을 전해주며, 미가엘 천사는 악령과의 영적 싸움에서 우리를 돕거나 대신하여 싸워준다. 그 외에도 우리와 함께하는 수호천사도 있다.

사탄은 하나님을 배신하고 세상으로 쫓겨났으며, 예수 그리스도를 시험한 것으로도 부족하여 그리스도인까지 미혹하여 넘어지게 하는바, 결국은 심판을 받고 무저갱으로 던져질 것이다. (2017. 12. 27)

1477. 웰다잉

"어서 오십시오. 예, 오늘 귀한 강사님을 모셨습니다. 창수 가산교회 임동훈 목사님입니다. 박수로 환영합시다."

"감사합니다. 임동훈 목사입니다."

"아, 우리 목사님은 책도 많이 쓰시고, 조용하면서도 진지하게 주님을 섬기시는 분입니다. 오늘 좋은 시간이 되기를 바랍니다."

"제가 잠시 기도드리겠습니다. 참으로 좋으신 주님, 감사합니다. 오늘 부족한 종이 생명○교회 제직 세미나 강사로 부름을 받았습니다. 주님의 말씀을 가지고 토론하고 강론할 때, 성령님께서 보다 은혜롭고 풍성한 시간이 되도록 도와주십시오. 예수님의 이름으로 기도합니다. 아멘."

"이제까지 우리가 신앙생활을 하면서 깨닫고 경험한 바를 서로 나누기 원합니다. 아시다시피 세미나는 예배가 아닙니다. 부흥회도 아니고 성경 공부도 아닙니다. 교리나 신학을 가르치는 것은 더욱 아닙니다.

경건이나 의식 같은 것은 잠시 내려놓고, 보다 자유로운 분위기 속에서, 함께 토론하고 강론하기를 원합니다. 이는 예수님이 제자 공동체와 그리하셨고, 사도 바울도 두란노서원에서 2년간 토론하고 강론하면서 그렇게 하였습니다.

이런 세미나 형식의 교육 방법은 지금도 권장할 만합니다. 예배도 필요하고 성경공부도 중요하지만, 허심탄회하게 토론하고 강론함으로써 하나님의 일꾼을 양성하는 프로그램이 많이 도입되면 좋겠습니다.

이제 우리도 그와 같은 방식으로 1시간 반쯤 세미나를 진행할 것입니다. 그냥 아무 부담 없이 '아, 그렇구나!' 하는 정도로 가볍게 받아들이고, 질문이 있으면 그때그때 해주시면 좋겠습니다.

우선 우리는 교회 제직으로서 그리스도인이요, 기독교인이요, 종교인입니다. 종교인으로서 우리 기독교를 타 종교인 또는 무종교인에게 소개하고 선교할 필요가 있습니다. 그러자면 우선 종교와 기독교에 대한 기초적인 지식을 알고 있어야 합니다.

또 우리 교회는 무엇이며, 어떠한 기능이 있고, 그 조직과 교파에 대해서도 어느 정도 알아야 합니다. 그래야 우리의 정체성과 소속감을 고취할 수 있습니다.

그리고 우리는 그리스도인으로서, 또한 제직으로서 어떠한 직무를 가지고 있으며, 그 직무를 어떻게 수행하며, 그 특성과 덕목, 자세와 자질, 자격 등에서도 한번 살펴볼 필요가 있습니다.

아울러 우리에게 주어진 사역을 온전히 수행하기 위해서, 반드시 예수 그리스도를 알고 믿어 누려야 한다는 사실에 대해서도, 성경의 역사를 통해 살펴보도록 하겠습니다.

사실 우리는 성경에 나타난 시대적 역사에 따라 하나님과 예수님, 사람, 천사, 사탄이 어떠한 역할을 하였으며, 그에 대해 바로 알고 제대로 믿어 풍성히 누려야 합니다.

예수님을 알고 믿어 구원을 받았으니 되었다고 하는 생각은 너무 안일하고 부족합니다. 반드시 누리는 사람이 되어야 합니다. 믿는다는 사람이 누리지 못하거나, 누리지 못하고 믿는다는 사람은 정말 불행합니다. 뭔가 크게 잘못되었습니다.

오늘 이 자리에 계신 여러분은 한 분도 빠짐없이, 우리 주 예수 그리스도를 바로 알고 제대로 믿어 풍성히 누리는 사람이 되시기를 바랍니다.

세상에서의 누림은 많이 쌓아놓고 잘 먹고 잘사는, 이른바 웰빙(well-being)일 수도 있지만, 그리스도 안에서의 누림은 청빈하게 살면서 아낌없이 나눠주는 웰다잉(welldying)입니다. 거룩한 낭비로 기뻐하고 즐거워하는 삶이지요. 다시 말해서 작은 예수로 사는 것입니다."

1478. 종교인

"그러면 이제부터 유인물을 참조하여 하나씩 살펴보겠습니다. 먼저 종교인입니다. 한문으로 쓴 宗敎(종교)를 보십시오. 상 위에 제물을 차려놓고, 지붕 위 또는 하늘 위에 있는 유일신에게 제사, 또는 예배를 드리는 형상이 으뜸 宗, 마루 宗입니다. 그리고 옆에 가르칠 敎를 붙인 말이 宗敎입니다. 우리 다 같이 한번 읽어보겠습니다."

"종교, 유일신 하나님을 숭배하고, 세상의 으뜸 이치를 가르친다."

"예, 그렇습니다. 이게 바로 종교입니다. 누가 '종교가 뭔데?'라고 물으면 이렇게 대답하시면 됩니다. 굳이 정신문화 체계가 어떻고 하면서 장황하게 설명할 필요가 없습니다.

첫째로 유일신 하나님을 숭배하고, 둘째로 세상의 으뜸 이치를 가르치는 것이 종교라고 서슴없이 말씀하시면 됩니다. 성경은 하나님을 아는 지식이 없어 망한다고 하였으며, 하나님이 없다고 하는 사람이 가장 어리석다고 하였습니다.

우리는 한문 문화권에 살고 있는바, 한문을 눈여겨 살펴볼 필요가 있습니다. 한문에서도 복음을 찾아볼 수 있습니다. 인류 역사상, 사람은 누구나 하늘에 계신 유일신 하나님을 숭배하고, 이를 지상 최고의 가르침으로 삼아야 한다는 뜻입니다.

우리 사람이 다른 동물과 다른 점이 신앙생활에 있습니다. 아무리 똑똑하고 지혜롭다는 짐승도 종교를 가지고 신앙생활을 한다는 말은 들어보지 못했습니다.

반면에 아무리 하찮은 나라의 민족도, 아무리 미개한 국가의 백성도,

다 자기네 나름대로 신앙생활을 하고 있습니다. 각자 종교를 가지고 있다는 말입니다.

문명이 발달한 민족은 기독교를, 그렇지 못한 민족은 미신을 가지고 있습니다. 세상에 종교는 많지만, 절대자요, 초월자는 하나님 한 분밖에 없습니다. 그래서 성경은 말하고 있습니다.

'나 여호와는 유일한 하나님이다. 다른 신이 없다.' (이사야 37. 16)

그렇습니다. 사실 알고 보면 유일신 하나님 외에 다른 신은 없습니다. 자신이 섬기는 신이 하나님인 줄 모르고 있을 뿐입니다. 사실 바울도 아테네에서 '이름을 모르는 신에게'라고 세워진 제단을 보고, 그 신이 바로 '하나님'이라고 가르쳐준 적이 있습니다.

사자성어로 '臨死呼天(임사호천)'이라는 말이 있습니다. 사람이 죽을 지경에 이르면 누구나 하나님을 찾는다는 것입니다. 일찍이 하나님께서 우리에게 부어주신 생령이 바로 우리의 영이기 때문에 그렇습니다. 이는 연어의 귀소본능(歸巢本能)과 같은 이치입니다.

그리고 종교의 요건을 보겠습니다. 신과 신자와 신전, 이것이 종교의 3대 요소입니다. 이중에 하나라도 없으면 종교라고 보기 어렵습니다.

예컨대 유교는 공자에 의해 세워진 '안빈낙도'를 추구하는 종교입니다. 하지만 하나의 학문이나 의례 또는 의식 정도로 생각하는 사람이 많습니다. 위 3대 요건을 충족하지 못하기 때문입니다.

하지만 우리 기독교는 유일신 하나님을 삼위일체(三位一體)로 믿으며, 예수 그리스도를 유일한 구원자로 받아들입니다. 전 세계 71억 인구 중 40%에 가까운 그리스도인이 있으며, 세계만방에 세워진 무수한 교회당이 있습니다. 정식 종교임에 틀림이 없습니다.

이어서 세계 4대 종교의 신자를 살펴보겠습니다. 기독교가 23억에서 28억, 이슬람교가 13억에서 18억으로 통계 기관에 따라 약간씩 차이가 있습니다. 그리고 힌두교가 약 10억, 불교가 약 7억 정도 됩니다.

보시다시피 기독교가 단연 으뜸 종교입니다. 세계 종교를 이끄는 최대의 종교입니다. 여기서 우리가 주목할 종교는 이슬람교입니다. 이들은 일부다처제이고 믿음보다 행위를 강조합니다.

무함마드를 구원자로 믿는 무슬림 숫자도 빠르게 늘어나고 있습니다. 오일 달러로 총알도 넉넉하고 선교도 활발합니다. 여호와의 증인이나 신천지에 못지않게 활발한 포교 활동을 전개하고 있습니다. 만만찮게 기독교를 추격하고 있습니다.

그리고 힌두교는 인도의 민족 종교로서 유일신을 섬기는 게 아니라 다신교입니다. 이 또한 눈여겨보아야 합니다. 반면에 불교는 동남아시아 중심으로 많이 늘어나지는 않을 것으로 보이지만 우리나라는 예외입니다.

한국인 5,200만 명 중에서 그 절반이 종교인이고, 종교인 가운데 그 절반이 불교인입니다. 다문화사회가 형성되면서 동남아 불교 국가의 많은 자매들이 한국인과 결혼하고 있습니다. 불교 포교의 발판이 되는 셈입니다.

그리고 셈족 종교를 보겠습니다. 노아의 아들 셈의 후손이요, 믿음의 조상인 아브라함의 종교라고 합니다. 길게 보면 5,000년 가까운 역사를 가진 유대교와 2,000년 역사의 기독교, 1,500년 역사의 이슬람교가 있습니다.

유대교는 토라를, 기독교는 신구약 성경을, 이슬람교는 성경에 쿠란을 더하여 가지고 있습니다. 유대교는 율법을, 기독교는 믿음을, 이슬람교는 행위를 강조하며, 유대교는 예수 그리스도를 구세주로 받아들이지 않고, 이슬람교는 6세기 무함마드가 참 구세주로서 구원을 완성하였다고 주장합니다.

하지만 이들도 우리의 선교 대상이며 형제와 자매들입니다. 사실 이슬람 수니파는 무장 단체로서 경계해야 하지만, 시아파는 비교적 온순한 사람들입니다. 우리를 기독교 형제라고 부릅니다.

이어서 기독교 종파를 보겠습니다. 천주교 13억, 정교회 3억, 개신교 3억, 초교파 3억, 성공회 1억, 기타 3억입니다. 여기서 기독교 개념은 넓은 의미입니다. 좁은 의미로 개신교만을 기독교라고 부르기도 합니다.

예컨대 천주교와 기독교라고 할 때 기독교는 좁은 의미의 기독교, 즉 개신교를 말합니다. 기독교, 예수교, 그리스도교는 다 같은 말이며, 삼위일체 하나님을 숭배하고 예수 그리스도를 구세주로 받아들이는 모든 종교입니다. 교회당을 교회라고 부르듯이, 개신교를 기독교라 부르기도 한다는 것입니다.

그리고 한국 종교를 보겠습니다. 한국의 3대 종교는 불교, 개신교, 천주교입니다. 이는 유교를 종교로 보지 않는 기준입니다. 불교 1,100만, 개신교 800만, 천주교 600만 정도입니다.

그러므로 한국 종교인의 수는 2,500만으로 반은 종교인, 반은 비종교인, 종교인의 반은 불교인, 반은 기독교인입니다. 그러므로 우리 한국인의 복음화 비율은 25% 정도로서 세계 복음화율 40%에 크게 못 미치는 실정입니다.

해외 선교보다 국내 선교에 치중해야 할 이유가 여기에 있습니다. 게다가 얼마 전에 나온 통계를 보니 가나안 교인, 즉 교회에 나오지 않는 교인이 5%에서 10%로 늘어났다고 합니다.

다시 말해서 예수는 좋지만, 교회는 싫다고 하면서 공적 예배에 출석하지 않는 신자가 150만에서 200만 정도 된다는 것입니다. 그 책임이 다른 데 있는 것이 아니라 바로 우리, 교회와 목사에게 있습니다. 우리 제직의 책임은 없는지 유심히 살펴보아야 합니다."

1479. 기독교인

"그러면 이제 기독교에 대하여 살펴보겠습니다. 교회의 조직은 세계교회 연합기구로 세계교회협의회(WCC)와 세계복음주의연맹(WEA)이 있고, 한국 교회 연합기구로 한국기독교교회협의회(NCCK)와 한국기독교총연합회(한기총), 한국기독교연합(한기연), 그리고 얼마 전에 출범한 한국교회총연합회(한교총), 한국장로교총연합회(한장총) 등이 있으며, 교단별로 총회와 노회가 있습니다.

천주교를 제외한 교파는 정교회, 성공회, 침례교, 감리교, 장로교, 구세군, 루터교, 오순절, 성결교 등입니다. 그리고 한국 장로교는 예장통합, 예장합동, 백석대신, 고신, 기장 등이 있습니다.

그런데 장로교에 속한 군소 교단과 신학교가 300개나 되며, 이단으로서 장로교 간판을 단 교회도 200개가 넘는다고 합니다. 교단 이름이 생소한 교단이나 교회와 교제할 때는 각별한 주의가 요구됩니다.

각 교회 안에서의 조직은 대표적으로 공동의회, 당회, 제직회가 있습니다. 그리고 교회학교와 성가대, 구역, 남녀 선교회 등의 자치 기관과 각자의 은사나 취미 등에 의해 자율적으로 구성된 자치 단체, 즉 소그룹 공동체가 있습니다.

교회는 아고라(Agora)라는 광장 또는 공회에서 시작되었다고 봅니다.

물론 교회라는 말의 어원은 에클레시아(Ecclesia), 곧 회중 또는 모임입니다. 요즘은 커뮤니티 처치(community church)라는 그리스도인 공동체로 많이 씁니다.

교회의 기능은 예배, 교육, 전도, 그리고 코이노니아와 디아코니아입니다. 코이코니아는 친교, 교제 등으로 내가 이웃과 더불어 소통하는 것이며, 디아코니아는 구제, 봉사 등으로 나를 희생하여 이웃을 섬기는 것입니다.

이 교제와 봉사가 제직의 양대 직무입니다. 그렇습니다. 오늘 세미나 키워드는 코이노니아와 디아코니아입니다. 이 말은 헬라어 원어로 그냥 외우는 것이 좋습니다. 우리말보다 더 풍성한 뜻이 있기 때문입니다.

오늘 다른 것은 다 듣고 잊어도 이 단어만은 꼭 기억하시기 바랍니다. 교제를 위한 코이노니아와 봉사를 위한 디아코니아입니다. 이로써 우리는 교회를 세우는 제직으로서 '코. 디. 세'입니다. '코. 디. 세!'

그러면 에베소서 4장 11절과 12절을 보겠습니다. 여기서 제직의 직분과 직무가 나옵니다.

'그가 어떤 사람은 사도로, 어떤 사람은 선지자로, 어떤 사람은 복음 전하는 자로, 어떤 사람은 목사와 교사로 삼으셨으니, 이는 성도를 온전하게 하여 봉사의 일을 하게 하며, 그리스도의 몸을 세우려 하심이라.'

교회의 제직은 사도, 예언자, 전도자, 장로 또는 감독, 집사, 그리고 목사와 교사, 권사 등이 있습니다. 사도와 예언자, 전도자는 오늘날 없는 직분입니다. 따라서 장로와 집사가 성경의 오리지널 직분이고, 목사와 교사, 권사 등은 대체로 늦게, 그러니까 18세기 이후에 생긴 직책입니다.

직분이 개인의 인품에 따라 주어지는 것이라면, 직책은 각자의 은사에 따라 주어집니다. 하지만 오늘날 직분과 직책을 혼용해서 사용하고 있는바, 큰 의미는 없습니다.

그런데 요즘 '신사도 운동'이라는 것이 있습니다. 기존의 직분만 가지고는 교회 성장에 한계가 있다고 하여, 초대교회의 직분, 곧 사도와 예언자와 전도자 등의 직분을 회복해야 한다는 운동입니다.

그리고 실제로 그런 직분을 두고 활동하는 교회도 있습니다. 하지만 일부에서는 이단성이 있다고 교류를 금지하고 있습니다. 언뜻 보면 상당히 일리도 있고 좋은 것 같지만, 조금 더 지켜볼 필요가 있습니다."

1480. 코디 세움

"주님께서 이런저런 일꾼을 불러 여러 직분을 주신 이유는, 각자의 은사에 따라 직무를 수행하라는 것입니다. 그러니까 성도를 온전케 하여, 봉사의 일을 하게 하며, 그리스도의 몸을 세우라는 것입니다.

다시 말해서 코이노니아를 통해 성도를 가르치고 양육하여, 디아코니아를 통해 구제와 봉사, 섬김을 실현함으로써, 주님의 몸 된 교회를 세우는 것입니다. 그렇습니다. 제가 조금 전에 '코. 디. 세'라고 하였는데, 바로 그 말입니다.

여러분, '코디'라는 말을 들어보았습니까? 'coordination'이라는 말의 약자입니다. 사전적 의미는 신부의 화장이나 신발, 옷 등을 챙겨주는 사람입니다.

오래전에 제가 정수기를 렌트하여 사용한 적이 있습니다. 아줌마가 정기적으로 와서 필터도 갈아주고 청소도 해 주었습니다. 그가 자신을 가리켜 '코디'라고 했습니다. 정수기를 깨끗이 해주는 역할을 하였죠.

이와 같이 우리 제직도 '코디'입니다. 따라서 제직의 직무는 '코디 세움'입니다. 코이노니아(교제)로 디아코니아(봉사)를 실현함으로써 공동체 교회를 세우는 것입니다."

"우리 제직이 뭐라고요?"

"코디!"

"제직의 직무는요?"

"코디 세움!"

"정말 훌륭합니다. 바로 그겁니다. 우리 제직은 '코디'로서 다른 코디를 많이 세워나가는 것입니다. 따라서 '코디 세움'입니다."

"그리고 제직으로서 가장 중요한 덕목이 있습니다. 바로 '청지기 정신'입니다. 코이노니아와 디아코니아를 통해 교회를 세우되 반드시 청지기 정신을 가지라는 것입니다.

우리 그리스도인에게 '청지기 정신'을 빼면 세상 사람과 조금도 다를 바가 없습니다. 오늘날 교회 세습 때문에 야단입니다. 심지어 직분 매매라든지, 기도해주고 돈을 받는다든지, 성전을 건축한다는 핑계로 헌금을 강요하는 행위 등이 모두 청지기 정신을 망각한 데서 오는 폐단입니다.

성경에서 신실한 청지기는 아브라함의 종 엘리에셀과 보디발의 종 요셉을 꼽을 수 있습니다. 사실 요셉은 이집트 총리가 된 후에도 파라오의 신실한 청지기였습니다.

요셉은 이집트 총리로서 파라오를 대신하여 전권을 가지고 제국을 다스렸습니다. 하지만 자신의 소유권은 없었습니다. 파라오에게 소유권이 있었습니다. 요셉 자신은 청지기로서 파라오의 제국을 관리했고, 그 영광도 파라오에게 돌렸습니다. 이것이 바로 '청지기 정신'입니다.

12세기의 성 프란치스코가 그랬고, 지금의 프란치스코 교황이 그 정신을 따르고 있습니다. 고 한경직 목사님도 프란치스코의 청지기 정신을 모델로 삼아 일평생 통장 하나 없이 살았습니다.

한 목사님은 교회의 재산을 1원 한 푼 자식들에게 물려주지 않았으며, 남한산성 오두막에서 마지막 생을 마치기까지, 프란치스코과 같이 살다가 2000년 돌아가셨습니다.

그 집을 언젠가 텔레비전에서 본 적이 있는데, 유아용 매트 하나와 성경책을 놓은 탁자가 전부였고, 유품은 책가방과 안경, 지팡이뿐이었습니다.

한 목사님은 1992년 종교인의 노벨상이라 불리는 템플턴상을 받았습니다. 상금으로 100만 달러가 조금 넘었으니 우리 돈으로 10억 남짓 되었습니다. 그 돈을 받자마자 즉시 북한 선교를 위해 교회에 헌금하였다고 합니다.

그야말로 철저하게 무소유, 곧 '청지기 정신'을 실천하였던 것입니다. 종교를 떠나서 불교의 법정 스님도 철저하게 무소유 정신을 실천하였으며, 유교의 공자도 안빈낙도를 최고의 덕목으로 삼았습니다.

그래서 저는 철저한 예수주의를 실천하면서도, 한편으로는 공자의 가르침인 '안빈낙도'를 좋아합니다. 복잡한 도시생활을 청산하고 낙향하여 청빈하게 살면서, 하나님의 말씀을 묵상하는 것으로 기뻐합니다.

성경에 여러 종이 나옵니다. 인격도 없고 주권도 없이 무조건 맹종하는 노예가 있고, 다소간의 인격과 주권은 주어졌으나 복종이 요구되는 하인이 있습니다.

그리고 주인의 모든 권한을 위임받은 청지기도 있습니다. 이른바 엘리에셀과 요셉과 같은 사람입니다. 요셉은 자신의 책임하에 모든 역량을 동원하여 이집트 제국을 다스렸습니다. 그러나 그는 청지기로서 주인의 관리자였습니다.

이와 같이 우리도 하나님의 전권 대사로서 주님의 권한을 위임받았지만, 오직 관리자일 뿐입니다. 모든 소유권은 하나님께 있고, 그 영광도 하나님께서 받으십니다. 그래서 주님은 우리에게 이렇게 고백하라고 합니다.

'우리는 무익한 종입니다. 그저 해야 할 일을 했을 뿐입니다.' (누가복음 17. 10)

그러면 우리가 어떻게 '코디 세움'을 실현하여 하나님께 영광을 돌려드릴 수 있을까요? 예수 그리스도를 바로 알고 제대로 믿어 풍성히 누림으로써 가능합니다. 다시 말해서 주님의 영성을 드러냄으로써 가능합니다.

여기까지 하고 잠시 차 한 잔 마시며 토론한 후, 예수 그리스도를 알고 믿어 누리는 영성에 대해 살펴보겠습니다."

1481. 토론회

"자, 여기까지 강론한 부분에 대하여 궁금하신 점이나 토론할 사항이 있으면 기탄없이 말씀하시기 바랍니다."

"이단에 대한 기준은 어떻게 해야 하나요?"

"제가 생각하기에 이단의 정의는 상당히 상대적이라고 봅니다. 예컨대 누가 어느 교회를 이단으로 정죄했다고 해서 바로 이단이 되는 것은 아닙니다.

언젠가 어떤 교단이 한국에서 가장 큰 교회와 목사님을 이단으로 정죄했습니다. 그러다가 그 교회가 엄청 성장하자 너도나도 그 교회 프로그램을 도입해서 사용했습니다.

그런데 지금도 여전히 그 교단에서는 그 교회와 목사님을 이단으로 정죄하고 있습니다. 이렇듯 소수 의견을 액면 그대로 받아들여 이단으로 정죄하기는 무리라고 봅니다.

하지만 한국 교회가 공식적으로 인정한 이만희의 신천지, 안상홍의 하나님의 교회, 정명석의 기독교 복음선교회, 통일교, 여호와 증인 등은 누가 뭐래도 이단입니다. 더 이상 변명할 여지가 없습니다. 그러니 이단이라는 말에 쉽게 동요해서도 안 되지만, 아예 무시하기도 어렵다고 봅니다."

"이단과 사이비는 어떻게 다른가요?"

"이단은 겉으로 비슷하게 보이지만 속이 아니고, 사이비는 아예 가짜, 짝퉁, 모조품이라고 봅니다."

"제가 지금 홀어머니를 모시고 삽니다. 연세가 많아 언제 돌아가실지 모릅니다. 지금 마음으로는 마지막 가시는 길에 절을 할 것 같은데, 그것이 우상숭배에 해당할까요?"

"성경에 콕 찍어서 이것은 하라, 저것은 하지마라고 하는 말씀이 있으면 간단하지만, 성경 대부분이 구속사적 관점에서 기록하고 있습니다. 인생 만사 백과사전이 아니라는 얘기지요.

따라서 성경에 없는 인간사에 대한 복잡한 일은 '아디아포라'에 해당하는 경우가 많습니다. '아디아포라'는 성경에 하라, 또는 하지 마라는 규정이 없는 것을 말하는데, 이는 우리의 신앙적 양심에 따라야 합니다.

신앙적으로 거리낌이 있으면 삼가야 하고, 거리낌 없으면 할 수 있다는 얘기입니다. 그것이 신앙행위가 아니고 미풍양속이나 양심적 발로라면, 거기까지 우상숭배의 잣대를 들이대기는 무리라고 봅니다. 물론 의견이 다른 사람들도 있다고 봅니다.

바울이 드로아에서 하였던 것처럼 밤새도록 토론하고 강론하면 좋겠으나, 오늘은 여기까지 토론하고 나머지 강의를 마저 하겠습니다."

1482. 성경 시대

"그러면 이제부터 그리스도를 알고 믿어 누리는 영성에 대해 살펴보겠습니다. 우리는 누구나 지성으로 알고 감성으로 믿어 영성으로 주님을 누려야 합니다. 그리스도를 누리지 못하는 그리스도인은 정말 비극입니다.

그러자면 우선 성경의 역사를 전체적으로 알아야 합니다. 그래서 제가 성경을 시대별, 주체별로 나누어 보았습니다. 이는 관점에 따라 다양하게 나눌 수 있습니다. 예컨대 신약과 구약으로 간단하게 나눌 수도 있고, 세부적으로 10개 이상으로 많이 나눌 수도 있습니다.

저는 성경의 시대를 자율, 신정, 인자, 은혜, 자치로 나누고, 주체는 하나님, 예수님, 사람, 천사, 사탄으로 나누었습니다. 이렇게 5시대와 5주체의 25역할을 살펴봄으로써 성경의 역사를 전반적으로 어느 정도 이해하게 됩니다.

그에 앞서 우리 한국 역사를 성경 시대에 대비해 보면 자율시대와 신정시대는 고조선, 인자시대에 접어들면서 삼국시대가 시작되었습니다. 그리고 9세기부터 14세기까지 고려, 15세기부터 19세기까지 조선, 20세기에 접어들어 1919년 한일합방에서 1945년 8.15해방에 이르기까지, 36

년간의 일제강점기를 거쳐 오늘에 이르고 있습니다.

그리고 당시 세계 역사를 보면 창세기 시대는 이집트 제국이, 신정시대는 아시리아, 바빌로니아, 페르시아, 헬라, 로마의 5대 제국이 지중해 세계를 지배하였습니다.

로마가 5세기에 망하면서 동로마에는 비잔틴 제국이 들어섰고, 이후 9세기부터 19세기까지 느슨한 상태의 신성 로마제국이 이어지다가, 나폴레옹에 의해 그마저 강제로 해산되었으며, 동로마의 오스만 제국도 19세기에 들어 분리 독립하였습니다.

세계 제1, 2차 대전을 지나면서 미국과 소련의 냉전시대가 이어지다가, 소련이 붕괴함으로써 지금은 미국과 러시아, 유럽 연합, 중국 등이 세계를 나눠서 지배하는 시대가 되었습니다.

그러면 성경에 나타난 자율시대를 보겠습니다. 하나님께서 우주만물을 창조하시고 아담과 하와를 에덴동산에 두셨으나, 그들이 죄를 범함으로써 동산에서 추방되었습니다.

이어서 신정시대가 도래하였습니다. 사람들이 타락하여 하나님의 진노를 사게 되었던바, 노아의 방주를 통해 셈, 함, 야벳의 가족이 대홍수로부터 구원을 받았습니다.

그러다가 바벨탑 사건으로 사람들이 70개 민족으로 뿔뿔이 흩어지게 되었으며, 아브라함과 이삭, 야곱, 그의 12아들을 통해 족장시대가 이어졌습니다.

기근을 피해 이집트로 내려간 야곱의 후손은 거기서 430년간 종살이를 하다가, 하나님의 사람인 모세에 의해 탈출하게 되었으나 40년간 광야를 헤맬 수밖에 없었습니다.

이후 모세는 느보산에서 죽고, 여호수아와 갈렙에 의해 가나안땅으로 들어가 여리고 성을 무너뜨렸으며, 7개 원주민을 쫓아내고 지파별로 땅을 분배하였습니다.

그리고 12사사와 사무엘 시대를 거쳐서 사울과 다윗, 솔로몬의 통일 왕국 시대가 이어갔으나, 솔로몬의 아들 르호보암과 에브라임 자손 여로보암에 의해 왕국이 남북으로 분열되는 아픔을 겪었습니다.

이어서 북왕국 이스라엘은 주전 722년 아시리아에 의해, 남왕국 유다는 주전 586년 바빌로니아에 의해 멸망하였습니다. 그리고 강제로 바빌로니아에 끌려가 70년 동안 유수 생활을 하였습니다.

그러나 하나님의 때가 되어 페르시아 제국이 들어섰고, 포로로 끌려간 유대인들은 귀환하여 제2의 성전을 세웠습니다. 이른바 솔로몬의 1차 성전에 이어서 스룹바벨의 2차 성전이 세워졌습니다.

그리고 말라기 선지자 이후 400년간 예언자 없이 이어지다가, 세례자 요한이 유대 광야에 나타나 회개의 세례를 선포함으로써 예수님의 인자 시대가 시작되었습니다.

예수님은 33년 남짓 지상에서 사역을 수행하시고, 십자가에 달려 돌아가셨다가 3일 만에 부활하셨습니다. 그리고 40일간 제자들의 믿음을 견고케 하신 후 승천하였으며, 마가의 다락방에 모인 120명의 제자들에게 성령을 보내주셨습니다.

오순절 성령 강림으로 제자들은 죽음도 불사하는 담대한 믿음을 얻어 사방으로 흩어져 복음을 전하게 되었던바, 은혜시대, 곧 오늘날 교회시대를 활짝 열었습니다.

그리고 12사도에 의해 유대 사역이 이어지다가, 바울과 바나바, 실라,

마가, 누가, 디모데, 아볼로 등에 의해 이방 사역이 전개되었습니다.

특히 바울의 1, 2, 3차 선교 여행과 로마 전도로 '땅끝까지 이르러 내 증인이 되라'는 예수님의 말씀이 지중해 세계에서 이루어지게 되었습니다.

그래서 1세기의 12사도와 바울 일행의 전도에 의해 시작된 사도행전의 이야기가, 21세기에 이르러 우리 교회가 지금 신 사도행전을 이어가고 있습니다.

그리고 때가 되면 주님의 재림으로 영원한 예수 그리스도의 나라, 곧 자율시대가 활짝 열릴 것입니다. 우리는 지금 그 시대를 바라보며 기도하고 있습니다."

1483. 성경 주체

"이미 말씀드린 대로 성경의 주체는 하나님과 예수님, 사람, 천사, 사탄으로 나눌 수 있습니다. 물론 관점에 따라 하나님과 예수님을 합치고, 천사를 뺄 수도 있습니다.

그러면 먼저 하나님에 대해 살펴보겠습니다. 솔직히 말해서 하나님께서 어떠한 분이신지, 우리로서는 그 정체성을 확실히 알 수 없습니다. 하지만 창조주와 유일신의 존재성만은 확실히 알아야 합니다. 그래야 하나님을 믿고 의지할 수 있습니다.

하나님의 속성은 독생자를 통해서 엿볼 수 있습니다. 신약 성경에서만 하나님을 빗대어 설명한 말이 60개에서 100개 정도 된다고 하지만, 그래도 여전히 알 수 없습니다. 예컨대 하나님을 로고스(말씀)라 하고, 또 빛이라고 하지만 그 말 자체도 이해하기 힘듭니다.

하지만 우리가 이해할 수 있는 분명한 사실 하나는, 하나님께서 우리의 아버지라는 것입니다. 최초의 인류는 아담이지만 아담에게 생령을 주신 분은 하나님이십니다.

그래서 성경은 아담의 위는 하나님이라고 분명히 밝히고 있습니다. 하나님은 만유의 주재시요, 모든 인류의 조상이요, 최초의 아버지십니다. 이 사실만 알면 하나님을 어렴풋하게나마 이해할 수 있습니다.

예수님은 하나님의 독생자요, 성령으로 잉태하여 숫처녀의 몸에서 태어나셨던바, 역사상 죄 없는 유일한 분이었습니다. 또 아버지와 함께 사람을 지으신 분으로서, 우리의 사정과 형편을 누구보다도 잘 알고 계십니다.

그래서 사람의 모든 병과 장애를 고치실 수 있었고, 귀신을 쫓아내시고 담대하게 하나님의 말씀을 선포하셨습니다. 그리고 하나님의 뜻에 따라 대속의 사명을 스스로 감당하였습니다.

예수님만이 죄 없는 유일한 분이었습니다. 성령으로 잉태하여 죄인의 유전을 피할 수 있었으며, 인류 역사상 처음이자 마지막으로 하나님의 율법을 지키셨습니다.

그리고 도저히 살아날 수 없는 십자가의 처참한 죽음을 스스로 극복하고 부활하심으로써, 우리도 영원히 살 수 있다는 소망을 주셨습니다.

사실 예수님은 하나님께서 우주를 창조하실 때부터 외아들로 계셨습니다. 그러다가 인류의 구원을 위해 성육신하심으로써 신정시대를 마감하고 인자시대를 열었습니다.

아울러 그동안 동물을 잡아서 드리던 속죄의 제사를 단번에 청산하였습니다. 자신이 대제사장으로서 친히 희생 제물이 되어, 가장 완전하고 완벽한 제사를 단번에 드림으로써, 영원한 속죄를 이루었습니다.

그리고 부활과 승천의 과정을 거쳐 하나님 우편에 앉으신 후, 생명을 주는 영으로 세상에 오셔서 만유의 주님이 되었습니다. 또 때가 되면 만왕의 왕으로 재림하여 영원한 나라를 세우실 것입니다.

사람은 하나님께서 주신 생명으로 살아 있는 존재가 되었으며, 에덴동산에서 아무 부족함 없이 자율적으로 행복하게 살았습니다.

하지만 뱀으로 나타난 사탄의 꼬임에 빠져 죄를 범하게 되었던바, 결국은 동산에서 추방되어 하나님께서 주신 낙원을 상실하고 말았습니다.

이후 하나님께서 율법을 주시며 지키라고 하셨으나 그 또한 순종하지 못했던바, 결국은 독생자를 보내 대신 죽게 하심으로써, 인류의 죄를 깡그리 용서하시고 하나님의 자녀로 삼았습니다.

그러므로 이제는 누구나 예수 그리스도를 믿음으로써 구원을 받게 되었는바, 우리는 부활의 주님을 증언하는 증인으로서 은혜시대를 맞이하게 되었습니다.

천사는 세상이 창조되기 전부터 존재하고 있었습니다. 천사도 영적 존재로서 초월적이나 하나님의 뜻을 받들어 섬기는 시종입니다. 큰 무리를 이루어 살아가며 조직과 체계를 갖추고 있습니다. 하나님의 메시지도 전하고 전쟁도 수행합니다.

일찍이 아브라함은 부지중에 천사를 대접하였고, 롯은 천사의 도움으로 소돔과 고모라에서 탈출하였습니다. 또 다니엘이 사자 굴에 던져졌을 때 사자의 입을 봉함으로써, 다니엘을 죽음의 문턱에서 살아나오게 하였습니다.

예수님이 광야에서 40일간 금식하시고 사탄의 시험을 받았을 때 힘을 북돋아주었고, 베드로가 옥에 갇혔을 때는 옥문을 열고 탈출시키기도 하였습니다.

천사는 하나님의 명령에 따라 싸우는 미가엘과 기쁜 소식을 전하는 가브리엘 등이 있습니다. 또 우리를 돕는 수호천사도 있습니다. 외경에는 이들 외에 일곱 천사장이 있습니다.

사탄은 마귀라고도 하며, 주로 단수로 나타나는 것으로 봐서 두목이거나 지도자로 보입니다. 악귀, 귀신, 악령 등으로 불리는 수하를 거느리고 있으며, 군대와 같은 조직을 가지고 일사분란하게 활동합니다. 악하고 더러운 영으로서 속이는 특징이 있습니다.

일찍이 하나님의 나라에서 추방된 분풀이를 하나님의 자녀들에게 함으로써, 대리 만족을 얻으려고 합니다. 태초로부터 지금까지 유혹하고 훼방하며 사람을 어렵게 합니다. 하지만 때가 되면 결박되어 불 못에 던져질 것입니다.

이와 같이 성경에 나타난 역사의 무대에서, 하나님은 우주만물을 창조하시고 다스리시는 감독이시며, 예수님은 하나님의 뜻에 따라 모든 것을 주관하는 연출자시며, 사람은 이 세상의 주인공이며, 천사는 사람을 돕는 조력자로서 조연을 맡았으며, 사탄은 대적자로서 주인공을 어렵게 하다가 영화롭게 하는 배역을 수행합니다."

"예, 여기까지! 오늘은 여기까지만 듣겠습니다. 약속된 시간이 많이 지났습니다. 이후 말씀은 강사님을 다시 한 번 모셔서 듣기로 하겠습니다. 다음 주는 연합회 행사가 있어 어렵고, 그다음 주 2시에 강의를 계속하겠습니다."

"아, 저는 4시까지 계속하는 것으로 생각했습니다. 너무 폭을 넓게 잡아 시간을 잘 맞추지 못했습니다. 그러면 다음에 다시 하도록 하겠습니다. 경청해주셔서 감사합니다."

1484. 보충 강의

"오늘 다시 목사님을 강사로 모셨습니다. 다 같이 박수로 맞이하겠습니다."

"먼저 저를 2번씩이나 불러 이 자리에 세워주신 성령님, 생명○교회 여러분, 그리고 전 목사님께 심심한 감사의 말씀을 드립니다. 사실 알고 보면 이것은 기적의 기적입니다. 저 같은 무명 강사를 어찌. 여러분의 풍성한 영성에 다시 한 번 감사를 드립니다."

"그러면 이제부터 지난번에 이어서 말씀드리겠습니다. 그런데 지난 강의에서 보충할 부분이 좀 있습니다. 먼저 종교인은 유일신 하나님을 신봉하고, 세상의 으뜸 이치를 가르치는 사람이라고 했습니다.

그리고 기독교인은 유일신 하나님을 삼위일체로 받아들이고, 예수 그리스도를 유일한 구세주로 고백하는 사람입니다. 백번 다 양보해도 이 2가지, 삼위일체 하나님과 예수 그리스도를 놓치면 안 됩니다. 이를 포기하면 종교 다원주의에 빠지게 됩니다.

　그리고 삼위일체는 크게 신경 쓰지 마세요. 유일신 야훼 하나님께서 우리의 구원을 위해 가장 효율적인 방법으로 나타나 역사하셨다는 정도로 이해하시면 됩니다. 깊이 들어갈수록 자꾸 수렁으로 빠지는 것이 삼위일체 이론입니다.

　그리고 제직은 교회 직원을 말하는데, 직분과 직책을 맡은 사람을 통틀어 얘기한다고 했습니다. 제직의 직무는 뭐라고 했습니까? 예, '코디세움'입니다. 코이노니아와 디아코니아로 교회를 세우는 것입니다.

　아울러 제직에게 무엇보다도 중요한 덕목이 있습니다. 바로 '청지기 정신'입니다. 청지기 정신은 아무리 강조해도 과하지 않습니다. 오늘날 교회 세습이나 직분 매매 등 불미스러운 모든 일이 '청지기 정신'을 망각한 데서 비롯되고 있습니다.

　그러면 이제 우리가 어떻게 하면 '청지기 정신'을 가지고 '코디 세움'을 실천할 수 있을까요? 바로 요즘 한창 유행하는 영성입니다.

　영성은 하나님의 거룩한 성품을 말하지만, 실제는 동명사입니다. 그리스도를 알고 믿어 누림으로써 작은 예수로 살아가는 것입니다. 오직 영성으로만 청지기 정신을 가지고 코디 세움을 실현할 수 있습니다."

1485. 영원 태초

"그러면 이제부터 칠판 강의를 하겠습니다. 여기 이렇게 둥근 원이 하나 있습니다. 아시다시피 영이나 원은 그 속성상 영원하여 끝이 없습니다. 이 원이 무엇이냐 하면 요한복음 1장 1절의 영원한 태초입니다.

'태초에 말씀이 계시니라. 그 말씀이 하나님과 함께 계셨으니, 그 말씀은 하나님이셨다.'

여기서 태초는 '아르케'라는 말로 시간과 공간이 없는 영원한 태초입니다. 그런데 어느 날 시간의 역사가 시작되었습니다. 바로 창세기 1장 1절의 태초입니다.

'태초에 하나님이 우주를 창조하시니라.'

이 태초는 '레쉬트'라는 말로 시간의 시발점입니다. 여기서부터 시간이 째깍째깍 흐르기 시작했습니다. 그리고 맞은 편 '아르케' 태초로 다시 들어가는 일직선상에 성경의 역사가 있습니다.

이 시간의 역사가 끝나는 종착점이 바로 이곳, 예수님이 재림하시는 '파루시아'입니다. 요한계시록 22장 20절입니다.

'내가 속히 가겠다.'

'아멘. 주 예수님, 어서 오십시오.'

그러므로 성경에 나타난 시간이나 물질, 공간의 역사는 창세기 1장 1절에서 시작하여 요한계시록 22장 20절로 끝난다는 사실을 알 수 있습니다. 물론 22장 21절이 있지만, 저자 요한이 성경을 마감하면서 성도들에게 하는 인사입니다.

'주 예수의 은혜가 모든 사람에게 있기를 빕니다. 아멘.'

우리 인생의 역사도 이 그림에 대입할 수 있습니다. 영원하신 하나님의 품, 곧 '아르케'에 살다가, 어느 날 출생함으로써 '레쉬트'라는 시간의 역사에 등장하게 됩니다. 그리고 일직선상에 나타난 순례자의 일생을 마치고, 다시 하나님의 품으로 돌아가게 됩니다.

그러니 우리는 성경의 시대와 시간의 역사, 우리의 인생을 통째로 보아야 합니다. 그래야 이 세상 순례자의 삶에 집착하지 않고 하나님만 바라보고 나아갈 수 있습니다. 먼지 같은 일에 아옹다옹하지 않고 통 크게 살 수 있습니다.

자, 여기를 보십시오. 지난번에 제가 성경의 역사를 이렇게 5시대로 나누어 대충 설명했습니다. 다시 말하지만, 이는 제가 임의로 나눈 것입니다.

그러면 다시 자율시대를 보겠습니다. 하나님께서 우주만물을 창조하시고 아담과 하와에게 율법을 주셨습니다.

'동산 각종 나무의 열매는 네가 임의로 먹되, 선악을 알게 하는 나무의 열매는 먹지 말라. 먹는 날에는 네가 반드시 죽으리라.' (창세기 2. 16-17)

이와 같이 하나님께서 명하셨고, 아담과 하와는 이 명을 자율적으로 지켜야 했습니다. 하지만 안타깝게도 그러지를 못했습니다. 그래서 지상 최고의 낙원, 파라다이스를 잃어버렸습니다. 인류 최대의 이상향, 유토피아를 상실하였던 것입니다.

그래서 영국의 시인 존 밀턴(John Milton, 1608~1674)은 『실낙원(Paradise Lost)』이라는 대서사시를 써서 사람들의 심금을 울렸습니다. 그 실낙원이 성경의 마지막 시대, 곧 자치시대에서 복락원으로 우리에게 임할 것입니다.

아무튼 우리 최초의 인류는 그렇게 에덴동산에서 추방당하여 자율시대를 마감하게 되었으며, 신정시대의 사람들에게 엄청난 고통을 안겨주고 말았습니다.

　신정시대는 하나님께서 특정한 인물, 곧 족장이나 사사, 예언자, 왕 등을 세워 백성을 다스리던 때로서 구약 성경의 대부분을 차지합니다. 인류의 낙원 추방에서 예수님의 성육신까지입니다.

　하나님의 홍수 심판과 노아의 방주, 바벨탑 사건, 아브라함과 이삭, 야곱, 요셉에 의한 족장 이야기, 모세의 이집트 탈출기, 광야 40년 생활, 여호수아의 가나안 땅 정복, 사사와 사무엘, 사울과 다윗, 솔로몬의 통일 왕국, 남북으로 분열된 왕조 이야기, 주전 722년 북 이스라엘의 멸망, 주전 586년의 남 유다 멸망, 70년간 바빌로니아 포로 생활, 페르시아 고레스에 의한 귀환, 그리고 말라기 선지자 이후 400년 침묵의 기간 등입니다.

　인자시대는 예수님의 성육신부터 오순절 성령의 강림까지입니다. 인자시대는 예수님의 신령한 생명을 그리스도인에게 분배하시기 위해 가능한 한 짧게 끝나야 했습니다. 육신을 가지신 예수님의 사역은 시간과 공간의 제한을 받을 수밖에 없었기 때문입니다.

　사실 예수님은 부활하신 후 시공을 초월하는 신령한 몸으로 변했습니다. 그래서 제자들은 부활하신 예수님을 유령으로 알았던바, 예수님이 밝히 말씀하셨습니다.

　'내 손과 발을 보아라. 바로 나다. 나를 만져 보아라. 유령은 살과 뼈가 없지만, 너희가 보다시피 나는 다 있다.' (누가복음 24. 39)

은혜시대는 오순절 성령 강림부터 예수님의 재림까지 이어집니다. 마가의 다락방에서 보혜사 성령님을 받은 120명의 제자들은 죽음도 불사하는 담대한 믿음으로 사방에 흩어져 복음을 전했습니다.

12사도와 7명의 전도자, 바울과 바나바, 아볼로, 실라, 디모데, 그리고 예수님의 어머니 마리아와 살로메, 막달라 마리아, 수산나, 요안나, 마가의 어머니 마리아, 베다니 마리아 등도 복음을 전하는데 동참하였습니다.

특히 바울의 1차부터 3차 선교 여행과 로마 전도까지, 이후 이름도 없이 빛도 없이 수고를 아끼지 않은 숱한 전도자들에 의해 오늘날 우리에게까지 복음이 전해지게 되었습니다.

자치시대는 예수님의 재림을 전후하여 활짝 펼쳐질 것입니다. 하지만 정확한 시간은 아무도 모릅니다. 그 언저리에 7년 대환란, 천년 왕국, 성도의 휴거, 흰 보좌 심판, 새 예루살렘 성, 새 하늘과 새 땅의 도래가 어떠한 형태로든 임할 것으로 보입니다.

하지만 그에 따른 구체적인 사항은 자율시대와 같이 자치시대도 대부분이 베일에 가려 있습니다. 아무도 모릅니다. 사실 성경이 침묵하는 부분은 다 이유가 있습니다. 그런데 일부 사람들이 자기만의 계시를 받았느니 어쩌니 하다가 곧잘 이단으로 몰리곤 합니다.

사실 이단의 99%가 이 자치시대를 잘못 풀어서 나옵니다. 하루가 천년 같고 천 년이 하루 같다는 하나님의 카이로스 시간을, 지금 흐르고 있는 이 크로노스의 시간에 맞추려는 생각 자체가 어리석은 일입니다."

1486. 영성 말씀

"이제부터 구속사적 관점에서 우리가 암송하여 풍성히 누릴 만한 영성적 말씀 몇 구절을 살펴보겠습니다. 먼저 요한복음 1장 12절입니다.

'영접하는 자, 그 이름을 믿는 자들에게는 하나님의 자녀가 되는 특권을 주셨다.'

예수 그리스도를 믿는 것이 곧 영접하는 것이라고 말합니다. 그에게 하나님의 자녀가 되는 특별한 권세를 주었다고 합니다. 입으로 시인하고 고백하는 것으로만 부족합니다.

실제로 우리의 영적 그릇에 인격체이신 주님을 영접해야 합니다. 우리의 영에 주님을 모시고 우리는 주님의 뜻에 따라야 합니다. 그래야 우리는 주님의 빛을 발하고 향기를 발하며 편지를 전할 수 있습니다.

그리고 요한복음 3장 16절입니다. 이 말씀이 가장 중요합니다. 다른 것은 몰라도 이 구절만은 누구나 반드시 암송하고 날마다 묵상해야 합니다.

'하나님이 세상을 이처럼 사랑하사 독생자를 주셨으니, 이는 그를 믿는 자마다 멸망하지 않고 영생을 얻게 하려 하심이라.'

여기에는 성경 66권 1,189장 31,000절 770,000단어 가운데 가장 핵심적인 말이 다 들어 있습니다. 물론 번역본에 따라 절과 단어 수가 조금씩 다릅니다. 여기 나오는 7개의 키워드를 보십시오. 하나님, 세상, 사랑, 독생자, 믿는 자, 멸망, 영생입니다.

창세기 1장에서 우주를 창조하신 하나님으로부터 요한계시록 22장의 예수님의 재림으로 주어지는 영생까지, 그야말로 성경의 핵심 단어가 다

들어 있습니다.

　그리고 성경에 나오는 단어 가운데 가장 중요한 말은 단연코 사랑입니다. 이 사랑은 사람의 기준에 의한 사랑이 아니라 하나님의 사랑입니다. 그러면 7개 핵심 단어를 하나하나 살펴보겠습니다.

　첫째, 하나님입니다. 하나님은 원칙적으로 사람이 설명할 수 있는 분이 아닙니다. 하나님에 대해 우리의 이성으로 이러쿵저러쿵 설명할수록 점점 더 본질에서 벗어나게 됩니다. 그냥 우리 곁에서 우리를 돕는 분이라고 생각하는 게 편합니다. 이를 일컬어 임마누엘 하나님이라고 합니다.

　성경에서 하나님을 간접적으로 드러내는 표현이 100개 정도 된다고 합니다. 하지만 어느 것 하나도 쉽게 설명할 수 없습니다. 그래서 제가 말씀드리기를 우리의 최초 아버지요, 창조주요, 유일신이라는 사실만 기억하라고 했습니다.

　둘째, 세상입니다. 여기서 세상은 코스모스, 즉 우주만물을 의미합니다. 특정한 사람만을 위한 것이 아니라 모든 사람, 심지어 동물과 식물까지 아우르는 말입니다.

　현재 지구상에 1,000만 종 가까운 생물체가 산다고 합니다. 물론 정확한 숫자는 모릅니다. 그중에 80%는 이름도 짓지 못했습니다.

　에베레스트 산 높이 8,800m보다 더 깊은 마리아나 해구는 그 깊이가 11,000m나 됩니다. 그런 곳에 사는 심해 생물체는 지상에 사는 생물체보다 3배나 많다고 하지만, 무엇이 살고 있는지조차 모른다고 합니다.

이렇듯 많은 생물체를 포함해서 만물을 하나님께서 사랑하신다는 것입니다. 그런데 하나님의 형상대로 지음받은 사람이야 오죽이나 하겠습니까?

셋째, 사랑입니다. 사실 사랑은 하나님의 본질이요, 하나님 자신입니다. 사람들은 부모나 자식, 형제나 자매, 남편이나 아내, 친구나 스승 등의 특별한 조건이 있어야 사랑합니다.

하지만 하나님의 사랑은 무조건적이며 무한정입니다. 그래서 독생자도 아끼지 않고 십자가에 내주셨던 것입니다. 물질을 초월한 영적 사랑이 진짜 참사랑입니다.

넷째, 독생자입니다. 독생자는 하나님의 외아들, 예수 그리스도를 말합니다. 예수님은 참하나님이요, 참사람입니다. 다만 죄가 없는 분이었습니다.

예수님은 하나님의 뜻에 따라 인류를 대속할 구원자로 오셨습니다. 죄가 있으면 안 되는 분이었습니다. 죄인이 죄인을 대속할 수 없었기 때문입니다.

그래서 예수님은 하나님의 아들로서 사람이 가진 원죄로부터 자유로울 필요가 있었던바, 성령으로 숫처녀의 몸에서 태어나시게 되었습니다.

그런데 이 문제로 초대교회가 상당한 어려움을 겪었습니다. 주후 100년경, 예수님과 동고동락한 사람들은 거의 다 죽고 사도 요한만 남았습니다. 역사적 예수님을 알고 있는 세대가 지나고, 그다음 세대에서 예수님에 대한 이런저런 의문이 생기기 시작했습니다.

예컨대 예수님이 십자가에 달려 돌아가셨다가 3일 만에 부활하신 사건이나, 예수님의 제자들이 문을 꽁꽁 걸어 잠그고 대책회의를 하고 있을 때, 예수님이 시공을 초월하여 갑자기 나타나신 일 등이 도무지 믿어지지 않았던 것입니다.

그래서 고심을 거듭하다가 해답을 찾은 것이 영지주의 사상, 곧 이신론과 가현설이었습니다. 영지주의는 영적 지식이 없는 믿음은 헛것이라는 것입니다.

이신론은 하나님께서 우주를 창조하신 후 모든 것을 사람에게 맡기고 더 이상 관여하지 않는다는 이론입니다. 가현설은 거룩하신 하나님의 아들이 사람의 몸을 입을 리 만무하므로 성육신은 거짓이며, 33년간 사신 예수님이 유령이었다는 어처구니없는 논리였습니다. 인간의 생각과 논리가 얼마나 무서운 결과를 만들어내는지 가히 짐작할 수 있습니다.

사실 종교는 신비해야 합니다. 신비하지 않으면 과학이지 종교가 아닙니다. 누가 감히 삼위일체 하나님에 대해 설명할 수 있습니까? 성경에도 없을 뿐만 아니라, 어느 누구도 똑 부러지게 설명하는 사람이 없습니다.

하지만 세계 인구 71억 가운데 40%에 가까운 사람들이, 삼위일체 하나님을 신봉하고, 예수 그리스도를 구세주로 영접하여 풍성한 은혜를 누리고 있습니다.

신앙인은 분명히 알아야 할 부분이 있고, 믿어야 할 부분이 있습니다. 그래야 풍성한 영성을 누릴 수 있습니다. 다 알고 믿겠다고 덤벼들면 누구나 영지주의에 걸려들게 됩니다.

사도 요한이 볼 때 정말 기가 막힐 노릇이었습니다. 그래서 노년에 요한복음을 쓰게 되었으며, 시종일관 예수님은 하나님의 아들로서 성육신하여 이 땅에 오셨으며, 동정녀 마리아의 육아와 양육을 거쳐 자라나신 참사람임을 드러내려고 애썼던 것입니다.

사실 요한복음은 공관복음의 95%를 배제하고, 영지주의가 잘못이라는 사실을 드러내기 위해 7개의 표적과 7개의 자기 선언, 7개의 강론을 기록하고 있습니다.

다섯째, 믿는 자입니다. 여기서 믿는다는 것은 무엇을 말하는 것입니까? 예수님이 하나님의 아들과 사람의 아들로서 우리를 위해 대속의 죽음을 죽으신 구원자라는 사실을 믿고 영접하라는 말입니다.

그동안 숱한 선지자가 성경을 통해 예언한 그분이 바로 예수라는 사실입니다. 우리는 우리를 위해 대신 돌아가신 예수님을 구세주로 받아들일 때, 죄를 용서받고 구원을 누릴 수 있습니다.

하나님께서 다른 구원자를 주신 적이 없습니다. 오직 예수님을 믿고 자신의 구세주로 영접해야 구원을 받고, 하나님의 자녀로서 복귀할 수 있습니다.

여섯째, 멸망에 대해 살펴보겠습니다. 예수님의 십자가 죽음, 곧 우리를 위한 대속의 죽음으로 우리의 죄가 깨끗이 용서되었음을 믿음으로 받아들일 때, 죄의 근원이 제거됩니다.

그러면 당연히 죄의식이 사라져 당당하게 하나님 앞으로 나아갈 수 있습니다. 하지만 살다가 보면 수시로 죄를 범하게 됩니다. 그러나 그 죄도 즉시 회개하도록 성령님이 도와주십니다.

그래서 우리는 수시로 죄를 지을 수밖에 없으나 그때마다 회개하고 돌아서게 됩니다. 그렇게 함으로써 예수님을 인격적으로 영접한 그리스도인은 점점 죄에서 멀어지고 거룩하게 됩니다.

죄를 처리한 그리스도인은 자신의 행위를 하나님의 뜻으로 여기며 당당히 드러내기를 원합니다. 그래서 스스로 빛으로 나아가게 됩니다. 그곳이 바로 천국입니다.

하지만 구원자이신 예수님을 믿지 않음으로써 자신의 죄를 처리하지 못한 사람은, 그에 따른 죄의식으로 인해 스스로 어둠을 찾아 들어가게 됩니다.

그러므로 천국과 지옥은 사실상 예수 그리스도를 믿지 않음으로써 이 지상에서 나뉘며, 그것이 사후의 세계까지 이어집니다.

일곱 번째, 마지막으로 영생입니다. 영생은 문자 그대로 영원히 사는 것입니다. 우리가 출생함으로써 시간과 공간, 물질의 세계로 들어오게 되었습니다.

그리고 언젠가 죽어 생로병사가 없는 영원한 하나님의 세계, 곧 예수 그리스도의 나라로 들어갈 것입니다. 그 나라는 이상향의 유토피아일 것이며, 실낙원이 회복되어 영원한 파라다이스가 펼쳐질 것입니다.

그동안 우리를 어렵게 하고 힘들게 하던 시원적 공허, 즉 카오스의 무질서하고 혼탁한 세상은 더 이상 찾아볼 수 없을 것입니다."

1487. 영성 시인

"시간이 얼마 남지 않아서 강의는 여기까지 하고, 영성이 풍부한 시인한 분을 소개하겠습니다. 여러 가지 궁금하신 점이 많으리라 생각됩니다만, 잠시 후 차를 마시며 토론하는 시간을 갖도록 하겠습니다.

지금은 나이가 70세가 넘었지만, 윤형주 장로라는 가수가 있습니다. 김세환 장로 등과 함께 쎄시봉('아주 좋다'는 의미) 멤버입니다. 이분의 6촌 형인 윤동주 시인을 소개하려고 합니다.

윤동주 시인은 독립운동가로서 28세의 젊은 나이로 중국에서 옥사하였습니다. 이분의 시가 100편가량 있는데, 후대에 의해 『하늘과 바람과 별과 시』라는 시집이 나왔습니다. 그 시집의 서시가 영성이 풍성하여 소개하려고 합니다. 사실 저는 수시로 이 시를 묵상하며 영성 여행을 하곤 합니다.

여러분도 잘 아시리라 생각되지만, 그 시를 한 번 읊조려 보겠습니다.

죽는 날까지 하늘을 우러러

한 점 부끄럼이 없기를

잎새에 이는 바람에도

나는 괴로워했다.

별을 노래하는 마음으로

모든 죽어가는 것을 사랑해야지.

그리고 나한테 주어진 길을 걸어가야겠다.

오늘 밤에도 별이 바람에 스치운다.

토마스 아 켐피스의 『그리스도를 본받아』라는 고전에 이런 말이 나옵니다.

'날마다 죽음을 예비하는 자는 행복하다. 죽음을 예비하지 않은 상태에서 갑자기 죽음을 맞이하는 일이 없도록 하라.'

우리는 누구나 이 지상에서 순례자의 삶을 마치고 하나님의 품으로 돌아가야 합니다. 천년만년 살듯이 생각하면 세상의 집착에서 벗어나기 힘듭니다.

우리가 100년을 산다고 해도 36,500일이요, 우리에게 주어진 카이로스 시간은 876,000시간입니다. 시인과 같이 죽는 날까지 하늘을 우러러 한 점 부끄럼이 없기를 추구해야 합니다.

시인은 날마다 죽음을 바라보며 하나님 앞에 서 있는 심정으로 영성적 삶을 살았습니다. 우리에게 주님이 내주하신다면 주님의 마음으로 살 수밖에 없습니다.

주님의 성령이 작은 부끄럼도 용납하지 않고 양심껏 깨끗하게 살라고 하십니다. 우리는 주님의 뜻에 따라 사는 것을 가장 큰 기쁨으로 여기며 즐거워합니다.

시인은 죽어서도 반짝반짝 빛나는 하늘의 별이 되어 우리의 길잡이가 되기를 원했습니다. 그리고 죽어가는 모든 것을 사랑하겠다고 다짐합니다. 어쩌면 자신을 죽일 원수 일본군과 친일파 앞잡이들까지도 말입니다.

그렇습니다. 시인은 28살의 나이로 1945년 우리 민족 해방을 얼마 앞둔 시기에 죽어서 결국은 하늘의 별이 되었습니다. 그러면서도 끝까지 주님의 마음을 간직하였습니다.

사실 어느 누가 자기를 죽일 원수까지 사랑할 수 있겠습니다. 우리 주 예수 그리스도밖에 없습니다. 그리고 예수님을 주님으로 모시고 살아가는 영성적 그리스도인만이 가능한 일입니다.

여러분도 아시다시피 지금은 영적으로 피폐한 때요, 갈급한 시절입니다. 예전같이 성령님이 활발하게 역사하는 시대도 아닙니다.

우리 스스로 영성적 삶을 찾아 충만하게 누릴 수밖에 없습니다. 그렇지 않으면 전도는커녕 나 자신 하나도 신앙생활을 제대로 유지하지 못할 것입니다.

우리 주 예수 그리스도를 바로 알고 제대로 믿어 풍성히 누리는 영성적 삶이야말로, 지금 이 시대가 우리에게 요구하는 절체절명의 과제라고 봅니다."

1488. 영성 꿀팁

"이제 영성적 삶을 위한 꿀팁 하나만 소개하고 강의를 마치려고 합니다. 정말 꿀팁입니다. 꼭 기억하시기 바랍니다. 2번에 걸친 세미나를 통해 제가 마지막으로 여러분에게 드리는 선물입니다.

사실 영성은 자신의 특성에 따라 스스로 연구하고 계발해 나가야 합니다. 예컨대 참과 진리로 진지하게 예배를 드린다거나, 성경공부, 새벽기도, 묵상, 전도, 코이노니아와 디아코니아 등을 통해 풍성한 영성 생활을 지속해야 합니다. 그런데 시간과 공간 등 어느 정도 제한이 있습니다.

그래서 제가 시간과 공간의 제약을 받지 않는 방법을 소개하려고 합니다. 다름 아닌 날마다, 아니 시도 때도 없이, 언제 어디서나, 항상 주님의 이름을 부르는 것입니다. 바울이 로마서 10장 13절에서 이렇게 말합니다.

'누구든지 주님의 이름을 부르는 사람은 구원을 받을 것이다.'

사실 초대교회 성도들은 누구나 주님의 이름을 불렀습니다. 그리고 주님을 소개하고 전하는 말도 아주 간단했습니다.

'주는 그리스도시라.'

'그리스도는 주시라.'

'예수는 주시라.'

그래서 주님에 대한 완전한 칭호는 '주 예수 그리스도', 곧 'Lord Jesus Christ'입니다. 사실 예수라는 이름에는 '하나님은 구원이시다'라는 신앙고백이 들어 있습니다. 많이 부를수록 우리의 영을 풍성하게 합니다.

주님의 이름은 단순히 부르는 호칭이 아니라, 그 이름 안에 그의 인격이 들어 있습니다. 그래서 모세가 하나님께 이름을 가르쳐달라고 하였을 때, '나는 나다!'라고 하셨던 것입니다. 사람의 이성으로 받아들일 수가 없었기 때문에 그렇게 말씀하셨던 것입니다.

사실 초대교회 성도들은 날마다 주님의 이름을 부르며 풍성한 영상생활을 하였습니다. 그래서 적대자들이 가만히 지켜보다가 주님의 이름을 부르는 사람을 잡아다가 옥에 넘겼습니다. 100% 그리스도인이었기 때문입니다.

그러자 그리스도인들은 주님의 이름을 부르는 대신 손바닥에 사인하는 것으로 대체하였습니다. 이른바 '익투스'입니다. '물고기'라는 뜻으로 '예수 그리스도 하나님의 아들 구세주'라는 첫 글자를 모아 만든 단어입니다.

바로 이것입니다. 오늘날 세월호 리본과 똑같습니다. 자세히 모르긴 하여도, 이 '물고기' 즉 '익투스'를 모티브로 삼은 것이 아닌가 싶습니다.

각설하고, 초대교회 성도들은 자기 손바닥에 이 물고기 사인을 함으로써 그리스도인임을 표시했습니다. 그리고 서로 얼싸안고 입 맞추며 기뻐하였습니다. 그리스도 안에 있는 한 형제요, 자매였기 때문입니다.

싱거운 얘기지만, 오늘날도 그리스도인끼리 서로 얼싸안고 입 맞추며 뜨겁게 인사를 하면 어떨까 싶습니다. 잘 안 되겠죠? 잘못하면 미 투(Me too)로 처벌받을 수도 있을 겁니다.

그래서 어떤 사람이 말했잖아요. 성경에 기록된 진리는 변하지 않으나 문화의 옷은 갈아입는다고. 아무튼 지금의 성도들은 뭔가 좀 냉랭한 것이 사실입니다.

생명○교회 제직 여러분, 2018년에는 주님의 이름을 입에 달고 사시는 해가 되시기를 바랍니다. 특히 어려운 일이 닥칠 때 주님의 이름을 한껏 불러보세요.

어떤 때는 100번, 아니 1,000번, 10,000번을 불러보세요. 주님은 살아계신 분으로서 우리의 영을 충만하게 하실 것입니다. 여기에 대해서는 제가 산 증인입니다. 우리 다 같이 로마서 10장 13절을 읽겠습니다."

"누구든지 주님의 이름을 부르는 사람은 구원을 얻으리라!"

"아멘!"

"감사합니다."

1489. 동성애

"동성애 문제에 있어서 한국 교회의 대책은 없나요?"

"동성애 문제에 대해서는 저도 크게 관심을 두지 않아서 교회가 어떻게 대처하고 있는지 잘 모릅니다. 다만 제가 보기에도 그 문제는 그리 만만치 않아 보입니다.

여러분도 아시다시피 동성애 문제는 어제오늘 일이 아닙니다. 바울의 서신에 의하면 로마교회와 고린도교회 안에서도 있었습니다. 하나님께서 종족보존의 수단으로 주신 성을 인간이 오남용함으로써 성범죄가 발생하였고, 쾌락의 도구로 삼음으로써 동성애가 생겼습니다.

이성애보다는 동성애와 양성애가 더 자극적이고, 인간의 성적 타락상은 날로 흉포화하고 있습니다. 들불처럼 타오르는 시대의 타락상을 우리가 어찌 막을 수 있겠습니까?

사도 바울이 가진 육체의 가시를 여러분은 어떻게 알고 있습니까? 무슨 질병일 수도 있지만 제가 보기에 병보다는 다른 것일 가능성이 큽니다. 여러 정황상 그렇다는 것입니다. 인간의 성욕도 정말 다루기 힘든 육신의 가시임에 틀림이 없습니다.

제가 보기에 동성애자의 인권을 보호하기 위한 성소수자차별금지법은 어떠한 형태로든 만들어지리라 봅니다. 하지만 동성애를 예방하고 치유하기 위해 애쓰는 사람들의 입지까지 좁아질 가능성이 큽니다. 그래서 다들 반대하고 고심하는 것입니다.

사실 동성애자가 장애인과 같이 사회적 약자는 아니지 않습니까? 장애인은 본의 아니게 불행한 삶을 살 수밖에 없는 우리의 선한 이웃입니다. 무슨 이유로든 그들을 차별해서는 안 됩니다.

하지만 동성애자는 자기 스스로 타락하여 불행을 자초하는 사람들입니다. 그들을 장애인과 같이 차별하지 말라는 것은 무리가 있다고 봅니다. 어느 정도 통제하고 벌을 주어도 괜찮습니다.

요즘 안전벨트를 매지 않아도 과태료를 부과하고, 무분별한 음주나 흡연, 마약, 접착제 흡입, 약물 중독 등도 통제하지 않습니까? 담배꽁초를 무단으로 버려도 경범죄로 처벌하고, 술 마시고 고성방가를 하거나, 드러나게 음란 행위를 해도 벌을 줍니다.

그렇다고 해서 다른 사람에게 직접적으로 피해를 주지 않고, 저들끼리 은밀하게 하는 성문란 행위를 강제적으로 막는 것도 무리가 있습니다. 사실 가해자와 피해자가 뚜렷이 드러나지 않는 동성애 행위를 범죄로 간주하여 처벌하기가 그리 쉽지 않습니다.

아무튼 인권 보호의 차원에서 성소수자를 보호하기 위한 차별금지법은 머지않아 제정될 것으로 보입니다. 좋든 나쁘든 시대적 흐름이기도 하고, 인류의 타락상을 윤리나 도덕, 종교적 잣대로 막기에도 역부족으로 보입니다.

하지만 대안이 전혀 없는 것은 아닙니다. 성소수자들, 곧 동성애자나 양성애자, 트랜스젠더, 불행하게 태어난 선천적 간성, 양성, 무성 등의 사람들 인권은 보호하되, 동성애와 양성애의 위험성을 홍보하고 예방하는 법을 아울러 제정해야 합니다.

다시 말해서 성소수자의 인권을 보호하기 위한 차별금지법보다 더욱 강력한 동성애 등을 예방하기 위한 홍보와 교육 및 치유 활동을 위한 제도적 장치를 마련해야 한다는 것이지요.

도도히 흘러가는 시대적 물결을, 그것이 비록 악하고 인류의 멸망을 초래할지도 모르는 심각한 상황이라도, 무조건 막으려고 애쓸 것이 아니라, 그 타락상을 인정하고 예방하는 홍보와 교육, 치유 활동 등을 더욱 강화하는 법을 만들어, 범국가적, 종교적으로 대처해 나가는 것이 오히려 낫다는 말입니다.

옛 속담에도 도둑 하나 열 사람 못 지킨다는 말이 있잖습니까? 어느 것 하나도 만만치 않은 상태에서 최선이 어려우면 차선을 택하자는 것입니다. 사실 인력으로 끌 수 없는 불길은 맞불을 놓아 모두 태우는 것이, 오히려 피해를 줄이는 방법일 수 있습니다.

그래서 저는 적극적인 전도와 아울러 동성애 예방을 위한 인성 교육이 최선이라고 봅니다. 양심적 병역 거부와 같은 문제도 마찬가지입니다. 정말 우리 스스로 해결하기 힘든 난제입니다.

결론적으로 성소수자차별금지법과 아울러 동성애 등 예방과 치유를 위한 특별법을 만들어, 죄인의 인권은 보호하되 죄를 멀리할 수 있도록 다양한 프로그램을 활성화해야 합니다.

그럼에도 타락 일로에 접어든 인류를 구하기에는 한계가 있을 것인바, 동성애가 만연할 수 있다는 가정하에 인류의 멸망을 방지할 대책도 아울러 강구해야 합니다.

노아 시대의 홍수 심판, 바벨탑 사건, 소돔과 고모라 멸망, 이탈리아 폼페이 화산 등이 인간의 성적 타락과 깊은 관련이 있다는 사실을 우리는 직시하고 명심해야 합니다.”

1490. 연합 단체

“김 집사님은 궁금하신 점 없으세요?”

“저는 WCC 단체를 나쁘게만 듣고 알았어요.”

"저도 부산대회에서 보았는데, 어떤 사람이 나와서 온갖 잡신을 부르며 기도하는 것이 정말 싫었어요."

"나도 WCC를 좋지 않게 보는 사람인데요. 종교 다원주의로 가고 있어요."

"저도 연합 단체에 문제가 많다고 봅니다. 세계교회 연합 기구로 WCC와 WEA가 있습니다. WCC는 진보 측, WEA는 보수 측이라 볼 수 있지만, 반드시 그렇지만도 않습니다. 오늘날 두 단체를 싸잡아 욕하는 사람들도 많기 때문입니다.

그중에서 특히 WCC라는 세계교회협의회(World Council of Churches)는, 1948년 네덜란드 암스테르담에서 '삼위일체 하나님을 숭배하고, 예수 그리스도를 구세주로 고백하는 모든 기독교의 교파가 함께 모여 대화하고, 기도하며 협력하기 위해 에큐메니컬 운동의 일환으로 설립되었습니다.

제2차 세계대전 당시 독일의 본회퍼(Bonhoeffe, 1906~1945) 목사가 히틀러를 음주 운전하는 거리의 난폭자로 규정하여 타도하려는 계획에 가담하였다가 결국은 처형되었습니다.

이 사건을 계기로 세상의 불의에 대해 세계 모든 기독교 교파가 한목소리를 낼 필요가 있으며, 함께 기도하고 협력하자는 취지로 WCC가 세워졌습니다. 그 목적과 정체성을 보면 조금도 나무랄 것이 없습니다.

그래서 가톨릭교회를 제외한 전 세계 대부분의 개신교 교단과 성공회, 정교회까지, 현재 약 350개 교단이 가입하여 활동하고 있습니다.

한국에는 NCCK라는 한국기독교교회협의회(The National Council of

Churches in Korea)가 WCC와 협력하고 있습니다. 1924년 장로교와 감리교가 구성한 조선기독교연합회가 그 전신입니다. 조선기독교연합회는 일제 말기 탄압으로 폐쇄되었다가, 1946년 한국기독교교회협의회로 재건되었습니다.

WCC가 조직될 당시 NCCK의 회원 교단인 감리교와 대한예수교장로회(통합), 한국기독교장로회가 회원 교단으로 가입하였으며, 현재 15개 교단과 단체가 가입하여 활동하고 있습니다.

한국 교회 공동의 사명을 수행하는 것을 목적으로 하며, 특정한 교리나 법규를 고집하지 않고, 모든 회원 교회의 경험을 존중하고 인정하는 것이 기본 정신입니다.

한국 교회 연합 운동의 정신을 구현하기 위해 세계교회와 상호 협력 관계를 유지하고 있으며, 공동의 사업을 추진하기 위해 세계교회협의회, 아시아기독교협의회(CCA), 세계 각국의 교회협의회 및 기독교 단체들과 긴밀한 관계를 맺고 있습니다.

한편 1846년 영국 런던에서 설립된 복음주의개신교 연합 기구인 세계복음주의연맹(World Evangelical Alliance, 약칭 WEA)은 교단 연합 기구인 WCC와 달리 약 130개 국가 내 복음주의 교단들로 구성된 단체입니다.

WEA의 정관에 따라 한 국가에서 한 단체만이 연맹(alliance) 자격을 부여하며, 한국의 경우 한국기독교총연합회(한기총)가 2009년 가입했습니다.

그런데 한국 교회의 일부는 위 두 기구를 모두 선하게 바라보지 않습니다. 아예 WCC와 WEA를 이단시하는 사람들도 있습니다. 종교 다원주의 용납, 공산주의 개입, 가톨릭교회와 통합 음모 등을 제기하며 극렬히 반대하는 사람들도 있습니다.

나름대로 그들의 주장이 일리가 있다고 보지만, 한국 교회로 보면 절반쯤이, 세계교회로 보면 소수 교단이 반대하는 입장인바, 보다 넓게 대국적으로 볼 필요도 있다고 봅니다.

그와 아울러 한국 교회 연합체도 지금 사분오열되어 있습니다. 기독교와 교회, 연합회와 협의회가 무엇이 다른지 이름만 바꿔 놓고 이전투구의 양상을 보이고 있습니다. 정말 이상한 일입니다.

여기서 한 가지 분명한 사실은, 어느 단체나 반대 세력이 있기 마련이며, 영적으로 황량한 사람들의 목소리가 더욱 클 수밖에 없다는 것입니다.

우리 속담에도 빈 깡통이 소리가 요란하다는 말이 있지 않습니까? 반대를 위한 반대는 어느 모로 보나 바람직하지 않으며, 내 교회와 우리 교단보다는 한국 교회와 세계교회를 바라보는 안목이 필요하다고 봅니다."

이렇게 말하자 그 교회가 보수 교단이라 많은 사람들이 이의를 제기하여 상당한 어려움을 겪었다. 강의가 끝난 후 그 교회 목사님에게 사과성 메일을 보냈다.

"목사님, 죄송합니다. 저도 보수에 가까운 사람입니다. 하지만 신학 문제만 나오면 진보가 됩니다. 앞으로 실망시켜 드리지 않도록 노력하겠습니다."

"You are best! 목사님이 있어 행복합니다."

제49편

그림자 예술

1491. 전 나 왔어요!

옛 인척이 술을 자작하며 푸념하였다.

"글쎄 제수씨가 바로 시집을 갔지 뭐야?"

그러자 옆에 있던 그의 막내 여동생이 말했다.

"언니는 그럴 수밖에 없어요. 혼자 살기에는 너무 젊어요."

그때 동남아 지방의 피부색을 가진 까무잡잡한 아이가 다가와 울상을 지으며 말했다. 그는 예닐곱 살쯤 되었다.

"엄마 어디 갔어?"

그러고 보니 그의 남동생이 몇 해 전 무슨 사고로 죽었으며, 미망인이 어린 아들을 그에게 맡기고 재혼하였던 것이다.

그때 느닷없이 자매의 소리가 들렸다.

"전 나 왔어요!"

깜짝 놀라 깨어 보니 캄캄한 어둑새벽이었다. 살짝 옆방을 훔쳐보니 자매는 이불을 덮어쓰고 곤히 자고 있었다. 무슨 소리인지 몰라 곰곰이 생각하였지만, 아무래도 그 의미를 알 수가 없었다. 그리고 너무 헷갈렸다.

경상도 사투리로 '전화 왔어요!'인지, '전하(殿下) 왔어요!'인지, '전(저는) 나왔어요!'인지, '젖 나왔어요!'인지, '전(前에) 나 왔어요!'인지, 아니면 '전라(全裸) 왔어요!'인지, '전라(全羅) 왔어요!'인지, 정말 생각할수록 애매하고 헷갈렸다.

다만 자매의 그 말이 잠꼬대나 실제로 한 말이 아님은 분명하였다. 사탄의 음흉한 속임수도 아닌 듯했다. 그렇다면 천사가 한 말일 텐데. 무슨 뜻으로 약간 어눌한 말투로 그리 말했을까? 아무리 생각해봐도 그 의미를 알 수가 없었다. (2018. 2. 5)

1492. 후원의 함정

1월이 지나고 2월이 되자 가끔씩 생각나는 일이 있었다. 혹시나 하고 기다렸지만 역시나 하고 실망하였다. 지난 연말에 신청한 6곳의 후원이 모두 감감무소식이었기 때문이다.

"주님, 큰 교회는 생색이 나지 않으면 도와줄 생각이 없나 봅니다. 그렇지 않고서야 제가 정말 큰맘 먹고 생전 처음 신청한 후원이 어찌 약속이라도 한 듯이 모두 나가리가 되겠습니까? 저는 반타작이라도 할 줄 알았습니다."

그러자 주님의 세미한 음성이 들려왔다.

"그래서 내가 '내 생각은 너희 생각과 다르며, 내 길은 너희 길과 다르다'고 하지 않았느냐?" (이사야 55. 8)

"그래도 그렇지요. 제가 오죽하면 후원을 신청했겠습니까?"

"네가 어때서?"

"교회당 꾸민다고 6,000만 원가량의 빚을 또 졌지 않습니까?"

"그게 어때서?"

"이제는 빚이 지긋지긋합니다. 빚 없는 세상에서 좀 살고 싶습니다."

"그러면 돈을 벌어서 갚으면 될 게 아니냐?"

"제가 무슨 돈을?"

"이제까지 어떻게 살았느냐?"

"그건…"

"그래, 내가 다 안다. 네 마음을."

"그러신데…"

"내가 만일 6곳 중에서 1곳이라도 후원을 받게 하였다면, 너는 계산적인 사람인바, 6곳이 아니라 60곳에 후원을 신청할 것이다. 10곳을 받을 수 있다고 여기며."

"예?"

"그뿐만 아니라 너는 평생 후원만 받고 후원할 줄 모르는 파렴치한이 될 것이다."

그때 부천에서 본 한 상가 교회가 생각났다. 교인 하나 없이 20여 곳의 후원을 받아 집세 내고 그럭저럭 먹고 산다던. 그야말로 후원은 먹고살기 위한 수단이 될 수도 있었다.

"오, 주여! 그러고 보니 후원 무산이 주님의 뜻이었군요."

"그래, 주는 것이 받는 것보다 복이 있다는 말씀을 이제야 이해하겠느냐? 너는 후원을 받을 사람이 아니라 후원을 해야 할 사람이다." (사도행전 20. 35)

"아멘, 주 예수여! 주님의 은혜가 참으로 크고 놀랍습니다." (2018. 2. 6)

1493. 영적 소경

앞서간 친구들을 따라 저수지 둑으로 올라갔다. 위쪽은 공동묘지였고 주변은 어두침침하였다. 그런데 친구들은 하나도 보이지 않고 찬바람만 쌩쌩 불었다. 갑자기 무섭다는 생각이 들어 도로 내려왔다.

그때 그들을 놓치면 영영 보지 못할 것이고 나만 외톨이로 남을 것 같았다. 그래서 용기를 내어 다시 못 둑으로 올라갔다. 하지만 친구들은 흔적도 찾아볼 수 없었고 야심한 밤의 적막감만 감돌았다.

순간 다시 내려가야 한다는 생각이 들었다. 친구들은 이미 공동묘지를 넘어간 듯하였고, 나는 여전히 못 둑에 서 있었기 때문이다. 그런데 주변이 갑자기 암흑천지로 바뀌었다. 눈을 뜬 것이나 감은 것이 다름이 없었다.

공동묘지 주변과 저수지 물속에서 스산한 기운이 뻗쳐 나오는 것처럼 느껴졌다.

"아, 여기가 바로 지옥이로구나!"

정신을 가다듬고 어떻게 하든지 아래쪽으로 내려가야 했다. 그냥 무턱대고 못둑에 앉아 주르륵 미끄러져 내려갔다. 조그만 수로가 발에 걸렸다.

"그래, 여기가 바로 그 수로구나. 이 수로를 지나면 논둑이 있고 논둑 옆으로 작은 길이 있지. 옳지, 여기서부터 길이 꼬불꼬불하지. 이제부터 위험하니 논둑에 기대어 천천히 내려가자. 이제 다시 수로를 지나가야 해. 맞아, 그런데 엉덩이까지 물이 차네. 조금만, 조금만 더 가면 시멘트 다리가 나올 거야. 그 다리를 건너면 바로 신작로야. 그래, 이제 거의 다 내려온 것 같아."

그때 정말 폭이 1m 정도의 희끄무레한 시멘트 다리가 보였다.

"맞네, 맞아! 이제야 앞이 조금 보이는군."

하면서 수로를 빠져나와 시멘트 다리로 내려갔다. 그러자 바로 신작로로 이어졌다. 그때 동녘이 희끄무레 밝아왔고, 신작로 주변에 사람들이 모여 있는 모습이 보였다. 어떤 사람은 모닥불을 지피고 운동하고 있었다.

신작로 맞은편에 우리 교회당이 보였고, 전등불이 환히 켜져 있었다. 어떤 남자가 출입구 옆에 앉아 있었고, 안쪽에 자매와 최 집사, 전 권사가 화롯불을 가운데 두고 둘러앉아 얘기하고 있었다. 화로에는 고구마가 노랗게 익어가고 있었다.

양쪽 미닫이 유리문을 밀고 들어가 우측 부엌으로 들어갔다. 그때 보니 넓적다리까지 젖은 내 바지가 어느덧 구덕구덕 마르고 있었다. 그런데 엉덩이는 보이지 않아 몰랐지만, 펑퍼짐하게 앉아 미끄럼 타듯이 내려왔던바, 흙투성이가 되었음을 짐작할 수 있었다.

아닌 게 아니라 자매가 가만히 있으라고 하면서 물수건을 가지고 다가왔다. 하지만 나는 아예 옷을 갈아입는 편이 나을 것이라 생각했다.

그때 예수님이 바리새인들을 향해 하신 말씀이 생각났다.

'내가 이 세상을 심판하러 왔습니다. 못 보는 사람은 보게 하고, 보는 사람은 못 보게 하려는 것입니다.' (요한 9. 39)

그동안 나는 시각장애인만 답답할 것으로 생각하였지만, 이번 일을 계기로 영안이 가려진 영적 소경이 더욱 답답하다는 사실을 알게 되었다.

(2018. 1. 7)

1494. 행복 지키미

나름대로 열심히 산다고는 하였으나 일이 별로 신통치 않은 듯했다. 그때 적십자사에서 봉사자들이 나왔다. 그들이 우리 왼편 가슴에 스마일운동의 표시로 동그란 단추를 하나씩 달아주었다.

그 단추는 500원짜리 동전만 했으며 모자이크 처리가 되어 반들반들하고 아름다웠다. 남자 양복 주머니나 여자 원피스 등 아무 데나 갖다 붙이고 살짝 돌리자 떨어지지 않았다.

그러자 사람들의 표정이 밝아졌다. 이리 고개를 돌리면 이렇게 웃고, 저리 고개를 돌리면 저렇게 웃었다. 누구든지 조금만 움직이면 웃었다. 그런데 움직이는 모습에 따라 웃는 표정도 달랐다. 하지만 미소만 지었고 웃는 소리는 내지 않았다.

아울러 사람들은 누가 권하지 않아도 스스로 나눔 운동에 동참하게 되었으며, 온 세상이 미소로 가득하게 되었다. 그러자 너나 나나 할 것 없이 모두 왼쪽 가슴에 스마일 단추를 달게 되었으며, 얼굴에는 화색이 돌았고 웃음꽃이 만연하였다.

이후 모든 사람들이 자기는 물론 남의 행복까지 지켜주는 행복 지키미가 되었다. 정말 에덴동산의 파라다이스가 따로 없었고, 천상의 유토피아가 지상에 임한 듯하였다. (2018. 2. 10)

1495. 줄타기 인생

친구들과 함께 가파른 계단을 오르고 있었다. 그들 가운데 '어진 행실'이 있었다. 서로 붙잡아주며 위로와 격려를 아끼지 않았다. 정상을 코앞에 두고 가로 계단이 세로로 바뀌었다. 고무판을 깔아놓기는 하였으나 마치 미끄럼틀 같았다.

그때 '어진 행실'이 앞으로 풀썩 엎어지더니 순식간에 미끄러져 바닥까지 내려갔다. 다행히 바닥이 모래여서 크게 다치지는 않은 듯했다. 그가 잠시 모래에 파묻혔다가 푸시시 일어나는 모습이 보였다.

그런데 그가 일어서자 그 자리에 사람 크기만한 구멍이 생겼다. 그가 속으로 쑥 빨려 들어갔다. 그래서 그는 흔적도 없이 사라지고 말았다. 그때 나는 계단을 거의 다 올라가기는 하였으나, 건물 안으로 들어가지 않고 꼭대기에 앉아 그 모습을 지켜보며 안타까워하였다.

계단을 보니 수직에 가까운 줄사다리처럼 느껴졌고, 그 중간쯤에 '찬양 아들'이 힘겹게 올라오고 있었다. 그가 '어진 행실'이 모래 속으로 사라지는 모습을 보고 크게 두려워하면서 고개를 흔들었다.

그리고 얼마의 시간이 지났는지 모르지만, 우리는 서로 만나게 되었다. 다행히 모두가 살아 있었다. 하지만 예전처럼 그렇게 생기는 없었다.

(2018. 2. 10)

1496. 갓난아이

이리 보면 내 아이 같기도 하고, 저리 보면 아닌 것 같기도 한 갓난아이가 있었다. 갯물에 씻겨 옷을 입혔더니 옷에서 벌레가 기어 나왔다.

붉은 거미 같은 것이 옷 아래쪽 구석에 뭉텅이로 있었다. 떨쳐버리려고 하였더니 한두 군데가 아니었다. 위쪽과 옆에서도 굼실굼실 기어 나왔다.

도저히 안 되겠다 싶어 아이 옷을 벗겨 보았더니 이게 웬일인가? 구더기와 구더니 껍질 등이 아이 몸 구석구석에 수북이 쌓여 있었다.

아이 발을 잡고 거꾸로 세워 털어보려고 하였으나 도저히 감당이 되질 않았다. 아이를 물속에 푹 담가 깨끗이 씻을 수밖에 다른 방법이 없었다. (2018. 2. 16. 설날)

1497. 동기생

예산을 담당하는 한직에 홀로 머물러 있었다. 어느 날 '긍지 선택'과 '양쪽 영화'라는 동기생이 우리 팀에 합류한다는 소식이 들렸다. 그때 회계과장이 못마땅하게 여기며 말했다.

"한 팀에 동기생 3명을 동시에 투입하다니, 이제까지 그런 전례가 없다. 이건 지나친 인사다. 그래서는 안 된다."

하지만 우리는 모두 한 팀에 배속되었고, 그 절차와 과정이 서로 달랐지만, 일사천리로 매끄럽게 끝났다. 유종의 미를 거두었다는 생각에 흐뭇

하였다. (2018. 2. 16. 설날)

1498. 에이전트

에이전트 프리랜서(agent freelancer)로 어느 사무실을 방문하여 협조를 구하고 있었다. 분명히 메리트(merit)가 있었고 손쉬운 프로젝트(project)였다.

도로변에 가추를 달아내고 스낵 코너(snack corner)를 만든 후, 벽에 메뉴판과 안내판을 동시에 붙여 수익 사업과 공익 상담을 겸하여 하는 것이었다.

하지만 도로 무단 점용이 부담스러웠다. 보행에 지장을 초래할 수도 있었고, 자동차가 들이받을 경우 보상 대책이 없을 것으로 보였다.

그래서 그게 쉬울 듯이 보였지만 여의치가 않았다. 시범적으로 내가 담당자 앞에서 즉석 라면을 먹기 시작하였다. 거의 다 먹고 국물만 조금 남았을 때, 옆 사무실로 이동하다가 바닥에 떨어뜨리고 말았다.

다행히 그 양이 적어 얼른 손으로 쓸어 담아 화장실로 갔다. 쓰레기통에 버리고 손을 씻고 나올 때, 옛 동료 '용한 돌'이 화장실에 들어오다가 나를 보고 다정다감한 말로 인사하였다.

"요즘 잘 지내는감?"

"아, 그럼요."

그는 나보다 9살 많은 사람이었다. 그리고 돌아서 밖으로 나올 때 어디선가 이상한 소리가 들려왔다.

"낙필은 색깔을 덮는다!"

새벽기도를 마치고 방으로 들어와 곰곰이 생각하였더니, '사명감 없이 심심풀이로 하는 일은 그 정통성을 찾을 수 없다'는 의미로 다가왔다.

하지만 그 첫마디가 '낙필(落筆)'인지, '낙피(落血)'인지 분명치가 않았다. '낙피'라면 '예수님이 흘리신 보혈'이 아닌가 싶었다. (2018. 2. 18. 주일)

1499. 사랑초

날마다 물을 주며 애지중지 키우던 사랑초가 다 얼어 죽었다. 지난 늦가을, 알로에 화분에 사랑초가 자라기 시작했다. 1포기나 나오더니 1포기가 더 나왔다. 맞은편에 실오라기같이 작은 것도 3포기나 자갈을 비집고 올라왔다. 보기에 참 좋았다.

그런데 어느 날 보니 화분에 초파리가 잔뜩 끼어 있었다. 살충제를 뿌렸더니 큰놈 2개가 말라버렸다. 그러나 여기저기서 4포기가 더 나왔다. 촉도 내미는 놈이 있었다. 책상 위에서 푸른 클로버 잎을 볼 수 있어 너무 좋았다.

그런데 갑자기 하나씩 둘씩 시들더니 10포기가 모두 죽었다. 촉을 내밀고 나오던 것까지 더 이상 움직임이 없었다. 그 푸른 잎들이 다 사라지고 알로에만 남았다. 보기에 영 좋지 않았다. (2018. 2. 20)

1500. 영성 신학자

4대째 믿는 장로님과 권사님 부부가 심히 다투고 그 부인이 우리 교회를 찾아왔다. 식당에 취직하겠다고 아예 옷가지 등을 한 보따리 싸서 집을 나왔다. 수요일이라 저녁예배를 드리고 하룻밤을 우리와 함께 잤다.

농사를 수백 마지기나 짓는 사람들로서 주야장천 일만 하다가 보니 영성이 극도로 피폐하였다. 그래서 조용한 기도원에 가서 며칠 푹 쉬면서 만사 잊고 기도하라고 권하였다. 그래서 찾아간 곳이 양산 열린문 기도원이었다.

오후 3시경에 도착하여 예배를 드리고 약 2시간 정도 이런저런 얘기를 나누다가 저녁을 먹었다. 그리고 저녁예배를 드리면서 예기치 않게 내가 강사를 맡았다.

"그러면 영덕 가산교회 임동훈 목사님을 강사로 소개합니다. 목사님은 『예수 복음』과 『예수 교의』 등 많은 신학 서적을 발간한 21세기 최고의 영성 신학자로서 여러 교회에서 강의를 하고 계십니다. 이 시간 목사님을 통해서 귀한 은혜 받으시기 바랍니다."

"예, 감사합니다. 그리고 보니 저는 이 목사님처럼 부흥사로서 성공하기는 어려울 것 같습니다. 하지만 염려하지 않습니다. 모든 사람이 각자의 은사가 있는데, 저는 21세기 영성 작가로서 최고의 사명을 수행하고 있기 때문입니다. 자화자찬 같지만 말입니다."

"하하하…"

"농담입니다. 제가 어떻게 21세기 최고의 영성 신학자라 일컬음을 받겠습니까? 하지만 하나님께서 허락하시면 그보다 더 큰일도 하리라 봅니다. 다들 그렇게 믿으시죠?"

"아멘!"

"예, 감사합니다. 이렇듯 귀한 시간을 허락하신 하나님 아버지께 먼저 감사드립니다. 그리고 열린문 기도원과 이 목사님에게도 심심한 감사의 말씀을 드립니다.

사실 저는 목회자나 부흥사의 은사보다는 영성 작가나 신학자에 가깝습니다. 그래서 오늘 제가 여러분과 함께 나눌 말씀은 '우리 주 예수 그리스도를 바로 알고, 제대로 믿어, 풍성히 누리는 영성!'입니다. 한번 같이 읽어 보실까요?"

"우리 주 예수 그리스도를 바로 알고, 제대로 믿어, 풍성히 누리는 영성!"

"예, 그렇습니다. 예수 그리스도를 바로 알면 지성인이 되고, 제대로 믿으면 하나님의 자녀가 됩니다. 그리고 반드시 그리스도를 누려야 합니다. 누리지 못하면 반쪽 신앙입니다.

그리스도를 누린다는 것은 그리스도와 연합하여 함께 산다는 말입니다. 하나님의 영이 있어야 하나님의 사람이듯, 그리스도가 없으면 그리스도인이 아닙니다.

오늘날 교회 안에 양대 비극이 있습니다. 하나는 알고 믿어 구원의 은총을 보고도 누리지 못하는 사람입니다. 또 하나는 제대로 믿지도 않으면서 종교성만 가지고, 또는 이기적 목적으로 봉사라는 봉사는 다 쫓아다니며 하는 사람입니다.

이런 부류의 사람이 교회에 없을 것 같습니까? 우리 주변을 자세히 살펴보십시오. 소위 대형 교회라는 곳을 유심히 살펴보십시오. 생각보다 그런 사람이 너무 많다는 사실을 발견할 것입니다.

사실 제 친구 하나도 자신의 정치적 목적을 달성하기 위해 경기도 고양시 지청장 검사를 따라 교회에 나가는 모습을 보았습니다. 그러다가 실제로 도움을 받았습니다.

그는 적십자사 회원으로서 북한에 많은 물품도 보내고, 방범 위원을 하면서 자기 이름도 알렸습니다. 그래서 보수 성향의 당에서 공천을 받아 선거에 나갔습니다.

그러나 안타깝게도 3등을 하여 떨어졌습니다. 2등까지 당선이 되었는데 말이지요. 그때 사전 선거인가 부정 선거인가로 고발을 당했는데, 구속될 위기에서 검사의 도움을 받아 풀려났습니다.

아무튼 우리는 우리 주 예수 그리스도를 바로 알아야 합니다. 우리의 구원자로 확실히 믿고 제대로 영접해야 합니다. 그리고 그리스도 안에 있는 은혜를 풍성히 누려야 합니다. 이게 바로 영성입니다.

영성은 예수 그리스도를 알고 믿는 과정을 넘어 우리의 생명으로, 우리의 인생으로 살아가는 것입니다. 이른바 우리가 작은 예수로 사는 것입니다. 그래야 우리를 통해 하나님의 영광을 드러낼 수 있습니다.

아기를 키워본 어머니는 누구나 다 압니다. 아기에게 필요한 것은 따뜻한 어머니의 품입니다. 아무리 많은 장난감을 갖다 주어도 소용이 없습니다. 장난감은 잠시 잠깐 가지고 노는 수단이지 행복의 원천이 될 수 없습니다.

마찬가지로 우리가 궁극적으로 만족하는 행복도 포근한 예수 그리스도의 품입니다. 반드시 예수 그리스도를 우리의 주님으로 맞아들여야 합니다. 그때 텅 빈 우리의 영이 충만해집니다."

1501. 최고의 요절

"그러면 이제 최고의 요절을 보겠습니다. 성경을 찾을 필요는 없습니다. 누구나 다 아는 말씀이니까요. 다 함께 요한복음 3장 16절을 외어봅시다.

'하나님이, 세상을, 지극히 사랑하여, 독생자를 주셨으니, 이는 저를 믿는 자마다, 멸망치 않고, 영생을 얻게 하려 하심이라.'

혹시 이 구절을 암송하지 못하는 분이 계십니까? 반드시 외우시기 바랍니다. 성경의 핵심이요, 복음의 골자요, 지상 최고의 요절입니다.

그리스도인으로서 이 말씀을 모른다면 믿는 자로서 수치입니다. 연세가 많은 할아버지와 할머니들도 가급적 외어야 합니다. 그리고 늘 묵상하시기 바랍니다.

자, 여기 키워드 7개가 나왔습니다. 하나님, 세상, 사랑, 독생자, 믿는 자, 멸망, 영생입니다. 우리는 이 7개의 말씀을 늘 묵상하며 은혜를 받아야 합니다.

그냥 형식적으로 달달 외우면 아무 소용이 없습니다. 시험에 합격할 수는 있겠지만, 그 말씀 속에 들어 있는 영생을 찾아 누릴 수가 없습니다.

성경 66권에 1189장, 3만 절, 77만 단어가 있지만 다 알 수는 없습니다. 하지만 우리가 보다 풍성한 영성을 누리기 위해서는 이 7개 단어만은 꼭 이해하고 알아야 합니다.

성경을 한 절로 압축하면 요한복음 3장 16절이 나옵니다. 한 단어로 쥐어짜면 사랑이 녹아내립니다. 따라서 성경은 '예수 그리스도를 알고 믿어 누리는, 나와 너, 그리고 우리의 사랑 이야기'입니다.

이제 이 7개 말씀을 차근차근 살펴보려고 합니다. 그런데 먼저 성경의 역사를 대충 들여다보아야 합니다. 물론 디테일하게 다 알 수는 없습니다.

하지만 성경을 통해 나타나는 주체들, 곧 하나님과 예수님, 사람, 천사, 사탄 등의 활동상과 성경의 역사를 통한 시대상을 대충 알아야 합니다. 그래야 성경의 맥이 잡히고 말씀의 진정성이 보입니다."

1502. 우리의 인생

"자, 여기 큰 원이 하나 있습니다. 우리가 알다시피 영과 원은 그 속성상 영원합니다. 알파와 오메가요, 시작도 없고 끝도 없습니다. 이곳이 바로 하나님의 나라요, 예수 그리스도의 영원한 나라입니다.

그런데 이 원주의 한 점에서 우리가 태어납니다. 그리고 맞은편으로 쭉 나아가 다시 원주의 한 점으로 들어가는 것을 우리는 죽는다고 합니다.

하지만 자세히 보면 우리가 원래 있던 곳으로 돌아갑니다. 여기 일직선으로 나타난 것이 우리의 인생이요, 지상의 삶이요, 순례자로서 주어진 시간입니다.

다시 말해서 우리에게 주신 하나님의 카이로스 시간이지요. 어떤 이는 태어나자마자 죽을 수도 있고, 어떤 사람은 100년 이상 살 수도 있습니다. 하지만 누구나 이 일직선상의 시간을 지나면 다시 하나님의 나라,

곧 하나님의 품으로 돌아가게 됩니다.

그러니 우리는 하나님의 품에서 나왔다가 하나님의 품으로 돌아가는 인생입니다. 일직선상에 나타난 시간의 역사를 영원한 것으로 착각하지 말아야 합니다.

시간과 물질과 공간을 모두 초월하는 곳, the kingdom of God, Paradise, Utopia, 여기가 바로 하나님의 나라입니다. 우리가 들어갈 본향이요, 영원히 소망하는 낙원이요, 이상향입니다. 우리가 아무리 미사여구를 동원해도 직접 들어가 보지 않고는 결코 알 수 없는 곳입니다.

우리는 무질서하고 혼돈스러운 이 세상 카오스의 시간에 천년만년 살듯이 착각하면 안 됩니다. 보이는 현상을 추종하다가 보이지 않는 본질을 놓칠 수 있습니다. 그래서 성경은 하나님이 없다고 하는 사람을 가장 어리석다고 합니다.

앞으로 100년 후, 2118년에 우리의 위치를 한번 생각해보세요. 저나 여러분 모두 하나님의 나라에 들어가 있을 것입니다. 그리고 이 세상에서는 우리의 이름조차 기억하는 사람이 없을 겁니다.

사실이 그렇지 않습니까? 우리 가운데 누가 자신의 고조할아버지나 할머니의 이름을 기억하고 감사하는 사람이 있습니까? 얼굴 한번 보지 못한 조상을 누가 기억합니까? 먹고살기도 바쁜 세상에.

물론 특별한 공적이 있는 사람은 예외일 수 있습니다. 그렇지 않고 평범한 사람은 자기 가족이나 친척, 인척은 물론이고, 그를 기억할 만한 기념품조차 남아 있지 않을 것입니다.

다시 말하지만, 우리가 영원히 거할 곳은 시간과 공간을 초월하여 생로병사가 없는 곳, 바로 하나님의 나라입니다. 우리는 자나 깨나 그곳을 소망하며 기쁘고 즐겁게 살아야 합니다. 이것이 바로 예수 그리스도 안에 있는 영생입니다."

1503. 성경의 역사

"그리고 여기에 보다 더 큰 원이 있습니다. 요한복음 1장 1절에 나오는 '아르케'라는 태초입니다. 역시 영원무궁한 하나님의 나라입니다.

이쪽에서 어느 날 하나님의 크로노스 시간이 창조되어 성경의 역사가 시작됩니다. '레쉬트'라는 창세기 1장 1절의 태초입니다. 그러니까 '아르케'는 시간이 없는 영원한 태초이고, '레쉬트'는 시간의 시작인 태초입니다.

그러니까 '레쉬트' 태초에서 맞은편 '아르케' 태초로 들어가는 직선이 바로 성경에 나타난 시간의 역사입니다. 이 시간의 역사를 제가 대충 다섯 시대로 나눴습니다. 자율, 신정, 인자, 은혜, 자치시대입니다.

자율시대는 하나님께서 우주 만물을 창조하신 '레쉬트' 태초로부터 아담과 하와가 에덴동산에서 추방된 때까지입니다. 그때 하나님께서 동산의 모든 나무의 실과는 임의로 따먹되, 선악을 알게 하는 나무의 열매만은 먹지 말라고 명하셨습니다.

아담과 하와가 그 법을 스스로 지키고 살았다면 어땠을까요? 자세히 모르긴 하여도, 지금도 우리는 그 동산에 머물러 살 것입니다. 하지만 그들은 자율적인 그 법을 지키지 못했습니다.

그래서 그 자율시대가 막을 내리고 신정시대로 접어들었습니다. 이 신정시대는 구약시대의 대부분을 차지하며 예수님의 성육신까지 이어집니다.

이때 노아의 홍수 심판, 바벨탑 사건, 아브라함과 이삭, 야곱, 요셉에 의한 족장시대, 모세의 출애굽, 여호수아의 가나안 정복과 12지파의 땅 분배, 12사사와 사무엘, 사울과 다윗, 솔로몬에 의한 통일 왕국, 솔로몬의 범죄로 남 유다와 북 이스라엘의 분열 왕국 등이 쭉 이어지게 됩니다.

그리고 주전 722년경 아시리아에 의해 북 왕국이 멸망하고, 130여 년 후 586년경 바빌로니아에 의해 남 왕국까지 멸망합니다. 그리고 페르시아 제국의 고레스에 의해 포로 생활에서 귀환하여 스룹바벨 성전, 곧 무너진 솔로몬 성전을 수축하여 제2성전을 중수합니다.

이어서 말라기 선지자 이후 400년 동안 예언자 없는 암흑시대를 거쳐, 세례자 요한이 혜성과 같이 나타나 요단강에서 세례를 베풀고, 유대 광야에서 회개 운동을 전개함으로써 예수님의 인자시대를 준비하게 됩니다.

그때 예수님이 성육신하심으로써 온 세상이 고대하던 인자시대가 열렸으며, 예수님의 3년 남짓한 사역을 통해 인류에게 지상 최고의 기쁜 소식이 전해졌습니다. 사실 인자시대는 우리가 보기에 33년으로 매우 짧지만, 우리에게 가장 값지고 소중한 시기였습니다.

이어서 예수님의 십자가 죽음, 부활과 승천의 과정을 거쳐 오순절 마가의 다락방에서 성령님이 강림하심으로써, 은혜시대 곧 오늘날 교회시대가 활짝 열렸습니다.

그리고 언젠가, 어쩌면 그리 머지않은 미래에 주님이 재림하실 것인바, 그때까지 이 은혜시대는 계속될 것입니다. 지금 우리는 이 은혜시대를 2000년 가까이 지나가고 있습니다.

마지막으로 7년 대환란, 천년왕국, 성도의 휴거, 흰 보좌 심판, 신천신지 등을 통해 예수님의 재림이 있을 것입니다. 그때의 전후 사정이나 형편을 자세히 알 수 없지만, 우리가 예수님과 함께 영원히 왕 노릇할 것입니다. 그때를 우리는 자치시대라고 합니다.

이렇듯 성경에 나타난 시간의 역사를 다섯 시대로 나눌 수 있습니다. 창세기 1장 1절의 '하나님께서 우주를 창조하시니라.'라는 태초에서, 요한계시록 22장 20절과 21절의 예수님의 재림, '내가 속히 가겠다.'라는 파루시아, '아멘, 주 예수여! 어서 오십시오.'라는 마라나타, '주 예수의 은혜가 모든 사람에게 있기를 빕니다. 아멘.'이라는 저자의 마지막 인사로서 성경의 역사는 모두 끝나게 됩니다.

여기서 보시는 바와 같이 우리가 살아가는 이 시대는, 언젠가 때가 되면 다시 하나님의 나라로 들어가 사라질 것입니다. 그렇다고 해서 아주 없어지는 것이 아니라, 전혀 새로운 세계로 다시 나타나는 것입니다.

그래서 성경은 앞으로 펼쳐질 새 하늘과 새 땅, 곧 신천신지는 이 세상을 리모델링하는 것이 아니라, 전혀 새로운 세상임을 밝히고 있습니다. 사실 지금의 세상은 두루마리 말리듯 흔적도 없이 사라질 것입니다.

우리는 복음서에서 시간과 공간을 초월하여 제자들에게 나타나신 예수님을 보았습니다. 이 예수님이 부활의 첫 열매가 되셨던바, 우리도 장차 예수님처럼 나타날 것입니다.

물론 예수님이 오실 때까지 살아 있는 사람은 육신의 죽음을 맛보지 않고 신령한 몸으로 변화할 것입니다. 그래서 예수님이 '나를 믿는 자는 죽어도 살겠고, 살아서 믿는 사람은 영원히 죽지 않을 것이다.'라고 하셨습니다. 정말 우리는 그때를 소망하며 살아야 합니다."

1504. 성경의 무대

"그리고 우리가 또 한 가지 살펴볼 것이 있습니다. 시대별로 성경의 무대에 등장하는 주체를 보고, 우리가 어느 위치에 있는지 알아야 합니다.

이 성경의 역사를 주관하고 다스리시는 총감독이 있습니다. 누굽니까? 예, 하나님이십니다. 이는 만고불변의 진리입니다. 하나님께서 이 역사의 무대를 만드시고 주관하십니다.

또 이 무대에서 주어진 각본에 따라 연출하는 분이 계십니다. 바로 예수 그리스도십니다. 사실 예수님은 하나님의 뜻에 따라 죽기까지 순종하심으로써, 일관성 있게 하나님의 작품을 완성하셨습니다.

그렇다면 이 무대의 주인공은 누구일까요? 바로 저와 여러분입니다. 하나님께서 이 무대를 만드시고 예수 그리스도를 통해 연출하신 이유가 주인공인 우리를 지극히 사랑하시기 때문입니다.

그리고 우리 주인공을 돕는 조연이 있습니다. 천사입니다. 하나님께서 직접 쓰시는 가브리엘이나 미가엘, 라파엘, 우리엘 등의 여러 천사가 있고, 우리를 돕기 위해 보내주신 수호천사도 있습니다.

또 우리 주인공을 훼방하기 위해 배역을 맡은 존재도 있습니다. 그렇습니다. 바로 사탄입니다. 사탄은 멸망하기로 예고된 존재입니다.

하지만 시시때때로 주인공을 어렵게 함으로써 주인공을 더욱 영화롭게 합니다. 사실 사탄은 우리의 믿음을 성숙시키기 위한 도구로서 존재하고 있습니다.

여기까지 대충 역사의 무대에 등장하는 캐릭터를 살펴보았습니다. 하나님과 하나님의 아들, 하나님의 자녀, 하나님의 천사, 그리고 사탄에 의해 하나님의 무대에서 성경의 역사는 계속 이어질 것입니다. 하나님께서 예비하신 그 날과 그때까지 말입니다."

1505. 하나님이

"그러면 이제부터 다시 요한복음 3장 16절로 돌아가 좀 더 구체적으로 말씀을 살펴보겠습니다. 우선 하나님은 누구십니까? 하나님에 대한 정체성은 사실상 알 수가 없습니다.

그래서 하나님께서는 자신의 이름을 묻는 모세에게 '나는 나(I am I)'라고 대답하셨던 것입니다. 이 말이 우리말로 여호와 또는 야훼로 번역되었습니다.

그 당시의 이름은 그의 인격이나 성품을 대변했습니다. 오늘날과 같이 단순히 부르는 호칭이 아니었다는 것이지요. 그래서 이스라엘 백성은 그 야훼라는 이름을 부르기가 두려워 '아도나이' 또는 '퀴리오스' 등으로 바꿔서 불렀습니다. 우리말로 하나님 또는 주님이라는 뜻입니다.

사실 '하나님은 이런 분이시다.' 또는 '저런 분이시다.'라고 하는 순간, 그는 이미 하나님이 아닙니다. 우리의 이성으로 도저히 표현할 수 없습니다. 너무 무한하시고 광대하시기 때문에 아무도 설명할 수가 없습니다.

다만 예수님이 선언하신 '나는 이거야'라는 뜻의 '에고 에이미'로 어렴풋하게나마 짐작할 수 있습니다. 요한복음에 예수님의 자기 선언이 7개, 이른바 '떡. 빛. 문. 목. 부. 길. 포'가 나옵니다.

'나는 생명의 떡이다.'

'나는 세상의 빛이다.'

'나는 양의 문이다.'

'나는 선한 목자다.'

'나는 부활이요, 생명이다.'

'내가 곧 길이요, 진리요, 생명이다.'

'나는 참 포도나무요, 너희는 가지다.'

물론 이외에도 하나님을 표현하는 말씀이 많습니다. 하지만 그 또한 우리가 어림잡아 짐작만 할 뿐이지, 그 안에 내포된 의미를 다 알 수 없습니다.

그러므로 우리는 각자의 방식대로 하나님을 쉽게 이해할 필요가 있습니다. 저는 나름대로 몇 개의 성경 말씀을 선정하여 하나님의 존재성과 정체성을 믿고 있습니다.

1. 요한복음 4장 24절, '하나님은 영이시니 영과 진리로 예배하라.'

2. 이사야 37장 16절, '여호와는 천하만국의 유일하신 하나님이시다.'

3. 시편 149편 2절, '이스라엘아, 너를 지으신 창조주를 모시고 기뻐하라.'

4. 마태복음 23장 9절, '너희 아버지는 하늘에 계신 한 분뿐이시다. 땅에 있는 사람을 아버지라 부르지 말라.'

저는 이 정도로 하나님을 이해하고 믿습니다. 하나님은 영이시고, 유일신이시며, 창조주이시고, 우리의 아버지이십니다. 우리가 알다시피 인류의 조상은 아담과 하와입니다. 그런데 아담의 위는 누구입니까? 성경은 하나님이라고 분명히 밝히고 있습니다.

하나님께서 흙으로 사람을 만드시고 산 영, 곧 생령을 그에게 불어넣어 주셨던바, 살아 있는 사람이 되지 않았습니까? 이 생령이 우리의 속사람이요, 본체인 것입니다.

사실 이 세상 피조물 가운데 그 어떤 피조물이 영을 가지고 있습니까? 인간 외에 아무리 똑똑한 영장류도 생령을 가지고 신앙생활을 한다는 말을 듣지 못했습니다. 하나님께서 허락하지 않으셨기 때문입니다.

반면에 아무리 부족하고 미개한 백성이나 민족도 어디서나 나름대로 신앙생활을 합니다. 하나님을 모르면 미신으로, 하나님을 알면 기독교를 통해 절대자요, 초월자를 섬깁니다."

1506. 세상을

"그리고 세상입니다. 세상은 우주 만물을 말합니다. 하나님께서 창조하신 이 세상 모든 피조물입니다. 현재 지구상에 1000만 종 가까운 생물이 산다고 합니다. 하지만 이름조차 없는 것이 80% 이상 됩니다.

사실 우리는 심해에 어떤 생물이 살고 있는지 모릅니다. 하물며 이 광활한 우주이겠습니까? 끊임없이 팽창하는 우주는 지금도 하나님의 창조가 계속 이어지고 있습니다.

우리 지구상의 생물체도 해마다 수만 종이 멸종하고 재창조되고 있습니다. 해와 달도 별도 우리 지구를 조금씩 벗어나고 있습니다. 언젠가 때가 되면 태양계가 속한 우리 은하도 안드로메다은하와 합쳐질 수 있습니다.

하지만 이 모든 피조물을 하나님께서 보존하시고 보호하시며 다스리십니다. 우리는 하나님께서 주신 이 지구의 정원을 잘 가꾸어야 합니다. 그리고 자손만대에 물려주어야 합니다.

우리의 푸른 별 지구는 18세기 산업화 이후 급속도로 망가지고 있습니다. 오존층 파괴와 자연환경 훼손 등으로 몸살을 앓고 있습니다. 날이 갈수록 그 상태는 심각해지고 있습니다. 지구의 허파라 불리는 아마존 밀림도 개발이라는 미명하에 사라지고 있습니다.

이와 같이 우리는 스스로 인류의 멸망을 초래하고 있습니다. 하나님이 주신 지구 정원, 나아가 우주 동산을 잘 가꾸어 나갈 책임이 우리에게 있다는 사실을 명심해야 합니다.

한걸음 더 나아가 우리의 몸도 하나님의 창조 섭리에 따라 잘 보호해 나가야 합니다. 그런데 동성애나 동성혼 따위가 뭡니까? 하나님께서 종족 보존의 수단으로 주신 성을 말입니다. 하나님의 창조 섭리에 정면으로 거역하는 행위입니다.

우리가 몰라서 그렇지, 알고 보면 5,000년 전의 노아 홍수나 바벨탑 사건, 4,000년 전의 소돔과 고모라, 2,000년 전 로마의 멸망이나 폼페이 화산 등이 모두 인간의 성 문란과 관련이 있습니다."

1507. 사랑하여

"그러나 하나님께서 세상을 지극히 사랑하여 구원의 계획을 세우시고 독생자를 보내주셨습니다. 예수님이 인류의 구원을 위해 대제사장의 자격으로 이 땅에 오셨던 것입니다. 이를 일컬어 성육신이라고 합니다.

그리고 친히 속죄의 제물이 되어 완전하고 완벽한 제사를 단번에 온전히 드림으로써, 인류의 죄를 전천후로 말갛게 씻어주셨습니다.

그러므로 이제는, 예수 그리스도를 믿고 받아들이는 사람은 누구나 죄를 용서받고, 하나님의 자녀가 되는 특권을 무조건 얻게 되었습니다. 그래서 요한복음 1장 12절에서 이렇게 말합니다.

'영접하는 자, 곧 그 이름을 믿는 사람들에게는 하나님의 자녀가 되는 특권을 주셨다.'

그렇습니다. 예수님은 대속의 주로서 완전한 자격을 갖춘 유일한 분이었습니다. 아버지 하나님께서 창조주로서 세상 만물을 지으실 때, 더욱이 우리 인간을 만드실 때 함께하셨던바, 사람의 구조나 정체를 누구보다도 잘 알고 계셨던 것입니다.

그래서 예수님은 죄와 허물, 질병과 아픔, 귀신 등으로 고통받는 사람들을 하나도 빠짐없이 모두 고쳐주셨습니다. 그만큼 우리의 영과 혼과 육의 상태를 잘 알고 계셨던바, 보이는 부분만이 아니라 보이지 않는 부분까지도 다 고치셨던 것입니다.

그리고 예수님은 완벽한 사람의 아들이었습니다. 숫처녀 마리아의 몸에서 10달 동안 계셨고, 여느 아기처럼 산고를 거쳐 태어나 육아를 받으며 자라나셨습니다.

또 아버지의 가업을 이어받아 목수로서 열심히 세상일도 하였습니다. 하지만 동정녀의 몸에서 태어나 원죄가 없었으며, 세상에서 유일무이하게 하나님의 율법을 온전히 지키셨던바, 죄가 없었습니다.

그래서 아무 흠도 없고 티도 없이 인류의 죄를 단번에 영원히 대속할 제물이 되었던 것입니다. 따라서 예수님은 인류 역사상 유일한 구세주가 되었습니다. 이는 추호의 의심도 없이 완전하고 완벽하게 이루어진 역사적 사실입니다.

이렇듯 하나님께서는 우리를 지극히 사랑하여 독생자까지 아끼지 않고 대속의 제물로 내어주셨습니다. 우리의 사랑은 무슨 조건을 동반하기 마련이지만, 하나님의 사랑은 무조건적이고 무한정입니다."

1508. 독생자를

"그러므로 우리는 바로 그 하나님의 외아들, 독생자를 우리의 구세주로 믿고 받아들여야 합니다. 그러면 지금도 살아계신 예수님이 우리의 주님이 되어 영원토록 우리와 함께하실 것입니다.

사실 우리는 영과 혼과 육이라는 특수한 구조를 가지고 있는바, 우리의 속사람이 되시는 예수님을 우리의 주님으로 받아들여야 충만함을 얻게 됩니다.

우리의 영에 예수님의 영을 주님으로 영접하면 참으로 놀라운 일이 일어납니다. 일찍이 우리는 4영리라는 이야기를 들어 보았습니다. 바로 그 겁니다.

여기를 보십시오. 우리는 이렇게 영과 혼과 육으로 구성되어 있습니다. 육은 우리의 사지백체로서 '바이오스'라 하며 우리의 겉 사람입니다.

혼은 대체로 우리의 생각과 감정, 의지를 담당하는 부분으로 '프슈케'라고 합니다. 그리고 영은 가장 깊숙이 감춰진 부분으로 '프뉴마', 곧 우리의 양심 등으로 어렴풋하게나마 드러납니다.

사실 아무리 매몰차고 얼굴에 철판을 깐 사람도 양심만은 어느 정도 남아 있기 마련입니다. 그래서 파렴치한 일을 저지를 경우 누구나 일각의 양심적 가책을 느낍니다. 그리고 얼굴을 붉히는 것입니다.

사도 바울에 의하면, 사람의 영은 주님의 영을 담는 그릇입니다. 우리의 영에 주님을 영을 모실 때 공허가 충만으로, 혼돈이 질서로, 흑암이 광명으로 바뀌게 됩니다. 자살하거나 우울증에 빠지는 대부분의 사람이 자신의 영적 그릇이 텅 비어 공허하기 때문입니다.

우리의 영이 주님의 영으로 채워질 때 비로소 영적 갈급함이 사라져 만족할 수 있습니다. 자고로 사람은 누구나 영과 혼과 육이 온전하고 건강해야 인격적으로 완전하게 됩니다.

그때 비로소 조 목사님의 말씀대로 영혼이 잘되고 범사가 잘되며 몸이 건강한 3박자 축복이 이루어지는 것입니다. 이를 일컬어 우리는 믿는 자, 곧 그리스도인이라 합니다."

1509. 믿는 자마다

"다시 말씀드리지만 믿는 자는 단순히 알고 신뢰하는 것을 넘어서야 합니다. 우리에게 생명을 주는 영으로 강림하신 예수님을 자신의 개인적인 주님으로 모셔야 합니다. 그리고 함께 먹고 마시며 동행해야 합니다.

그러니까 작은 예수로 실제 사는 것입니다. 그래야 예수 그리스도 안에 있는 풍성한 영성을 누릴 수 있으며, 우리의 영이 충만함을 느낄 수 있습니다.

이렇게 우리가 예수 그리스도로 충만한 상태를 일컬어 성령으로 충만하다, 성령의 열매가 가득하다, 주님의 영성이 풍부하다 등으로 표현합니다. 이때 비로소 우리는 참 자유와 평화와 기쁨을 누릴 수 있습니다.

세상 사람들은 잘 먹고 잘사는 것으로 웰빙(well-being)한다고 하지만, 우리는 거룩한 낭비, 곧 봉사와 헌신, 충성 등으로 기뻐하고 즐거워합니다.

사실 그들은 웰빙하다가 새드다잉(sad-dying)하지만, 그리스도인은 주님을 위해 헌신하고 이웃을 위해 봉사하다가 웰다잉(well-dying)합니다. 이것이 바로 그리스도인의 인생입니다."

1510. 멸망치 않고

"그러나 끝까지 구원자이신 예수 그리스도를 외면하는 사람은 불가불 멸망할 수밖에 없습니다. 멸망이란 죽어서 들어가는 곳이 아니라 살아서 스스로 걸어가는 비극입니다.

흔히들 생각하기를, 사람이 죽으면 베드로가 삼거리에 서서 '너는 지옥으로', '너는 천국으로' 들어가라고 하는 것처럼 생각하지만, 실상은 그렇지 않습니다.

그리스도를 믿지 않는 사람은 믿지 않음으로써 벌써 심판을 받은 것이며, 믿는 사람은 그리스도를 믿음으로써 이미 심판에서 벗어난 것입니다.

사실 믿지 않는 사람은 자신의 불의한 행위가 들어날까 봐 노심초사하며 자꾸 어두운 곳으로 숨어들기 마련이며, 믿는 사람은 자신의 선한 행위가 하나님으로부터 비롯된 것임을 드러내려고 점점 밝은 곳으로 나아갑니다. 그런데 그곳이 바로 지옥과 천국입니다.

더욱 심각한 사실은 우리의 살아생전 그 모습 그대로 사후의 세계로 이어진다는 것입니다. 따라서 천국과 지옥은 누가 보내서 가는 곳이 아니라, 자기 스스로 찾아서 들어가는 곳입니다. 그러므로 우리는 사나 죽으나 이미 주의 것입니다.

지옥에는 영원한 형벌이, 천국에는 영원한 생명이 있는 곳입니다. 여러분, 여러분 가운데 혹시 잠시라도 죽어본 사람이 있습니까? 저는 영적으로 예민한 사람이라 죽어본 적이 있습니다.

사실은 한두 번이 아닙니다. 여러 번 죽었다가 살아났습니다. 제가 죽었다가 소생한 경험자로서 분명히 말씀드리지만, 죽음 너머의 사후세계를 크게 두려워하지 마십시오. 알고 보면 무지무지 편한 곳입니다.

그때 제가 느낀 점은 너무너무 편하다는 사실이었습니다. 깨어나 보니 살아서 숨 쉬는 것 자체가 힘들고 고통스러운 일이었습니다.

여기서 제가 확실한 예언을 하나만 하겠습니다. 이 자리에 계신 여러분 가운데 하나도 보이지 않을 때가 있을 것입니다. 그러니까 앞으로 100년 후, 2118년에 여러분과 저는 이 세상에 없을 것입니다. 그때 여러분은 어디에 계실 겁니까?

하나님의 나라, 시공을 초월하여 생로병사가 없는 주 예수 그리스도의 나라에서 영원히 왕 노릇 하며 있을 것입니다. 우리는 그때를 소망하고 있습니다."

1511. 영생을 얻게

"여기서 잠시 부활하신 예수님이 제자들에게 나타나신 모습을 보겠습니다. 예수님이 십자가에 달려 돌아가시자 제자들은 잔뜩 겁을 먹고 모든 문을 꽁꽁 걸어 잠근 채 대책회의를 하고 있었습니다.

그때 예수님이 그들 가운데 갑자기 나타나 '너희에게 평화가 있기를!' 하고 인사하셨습니다. 제자들은 유령인 줄 알고 깜짝 놀라 허둥거렸습니다. 그러자 예수님이 제자들을 안심시키려고 말했습니다. '유령은 살과 뼈가 없지만 나는 다 있다. 내 몸을 봐라.'

그래도 제자들이 반신반의하자 예수님이 '여기 먹을 것이 좀 있느냐?'고 물었습니다. 그러자 제자들이 먹다 남은 생선을 한 토막 갖다 드렸습니다. 그러자 예수님이 즉시 받아 잡수셨습니다.

그리고 그 자리에 없었다가 의심하는 도마에게도 1주일 후 나타나 말했습니다. '너는 나를 본 고로 믿느냐? 보지 않고 믿는 사람이 더욱 복되다.'

이렇듯 예수님은 실의에 빠진 제자들을 격려하신 후 연기와 같이 스르르 사라지셨습니다. 그리고 500여 형제가 보는 앞에서 구름을 타고 승천하셨습니다. 이것을 우리의 이성이나 과학으로 어떻게 설명할 수 있습니까?

1942년 영국에서 태어난 천재 물리학자 스티븐 호킹 박사의 이론 가운데 블랙홀이라는 것이 있습니다. 또 1897년 독일에서 태어나 1955년 돌아가신 물리학자 알버트 아인슈타인 박사의 상대성이론 가운데 화이트홀이라는 것도 있습니다.

여기에 대해서 자세히 아는 것은 없지만, 호킹 박사의 블랙홀을 통해 아인슈타인 박사의 화이트홀로 빠져나가는 좁은 통로가 있는데, 그것을 웜홀(wormhole)이라고 합니다.

이 웜홀을 타면 시간을 줄이거나 늘리는, 이른바 과거와 미래의 시간 여행이 가능하다고 합니다. 저는 과학자가 아니라 그 이론을 잘 모릅니다만, 언젠가 과학의 힘으로 타임머신을 타고 과거와 미래의 여행뿐만 아니라, 시공과 물질을 초월하는 여행이 가능할 것이라고 봅니다.

그렇다면 이 세상의 시간과 물질의 공간을 초월하여 제자들에게 나타나신 예수님도 그렇게 오시지 않았을까요? 웜홀을 타고 말입니다. 사실은 웜홀이 있다고 해도, 영원무궁한 하나님의 나라에 들어가신 예수님께서 굳이 시간의 역사에 얽매일 필요가 없을 것입니다.

아무튼 예수님께서 가능한 빠른 시일 안에 우리에게 오시면 더할 나위 없이 좋겠지만, 그리 아니하실지라도 언제가 주님은 오실 것이고, 이 세상은 두루마리 말리듯 횅하니 사라질 것입니다.

그리고 우리는 이제까지 보지 못한 전혀 새로운 세상에서 영원히 살게 될 겁니다. 그때 우리 다시 만나 오늘 이 시간의 은혜를 잠시나마 회상하고 나누었으면 좋겠습니다.

여러분, 저와 여러분에게 우리 주 예수 그리스도를 바로 알고, 제대로 믿어, 풍성히 누리는 영성이 세상 끝 날까지 함께하기를 빕니다.

아울러, 비록 부족하지만, 21세기 최고의 영성가로서 예수님의 사랑 이야기를 계속 이어가는 저와 여러분이 되기를 예수님의 이름으로 기도합니다.

오늘 제 이야기는 여기까지입니다. 진지하게 들어주셔서 감사합니다."

(2018. 2. 22. 열린문 교회에서)

제50편

석양의 연가

1512. 이불

어느 강둑에 합판을 연결하여 삐죽 달아낸 발판이 있었다. 거기서 물 속을 내려다보니 칙칙하여 바닥이 잘 보이지 않았다. 그 위를 왔다 갔다 하다가 합판 끝으로 나아가 보았다. 순간 합판이 활처럼 휘면서 물속으로 떨어지고 말았다.

그때 다행인지 불행인지 나는 이불을 뒤집어쓰고 있었다. 이불이 물을 먹기 전에 반대편 강둑으로 나가야 했다. 강폭은 그리 크지 않았다. 이불의 부력으로 물에 빠지지 않고 배처럼 둥둥 떠서 강둑으로 쉽게 나왔다.

그리고 이불을 끌어내리려고 보니 그야말로 한 짐이었다. 그 사이에 물을 흠뻑 먹었다. 그래서 위에서부터 조금씩 흔들어 물기를 빼기 시작하였다. 그렇게 마지막까지 물기를 다 빼고 나서 밖으로 들어낼 수 있었다.

그 이불은 캐시밀론(cashmilon) 재질로서 가볍고 부드러웠다. (2018. 2. 26)

1513. 광풍

밤새 주룩주룩 내리던 비가 그치더니 광풍이 몰아치기 시작하였다. 새벽기도를 마치고 밖으로 나가 보니 햇빛이 반짝 나면서 빗살을 뿌리고 사나운 바람이 불었다. 해마다 부는 바람이지만, 오늘은 왠지 미치광이처럼 느껴졌다.

'참, 날씨 한번 더럽네그려.'

우당탕 퉁탕거리며 교회당 사방에 쌓아둔 물건들이 날아갔다. 솥이며 박스, 다라, 농기구, 심지어 벽에 걸어놓은 마른 나물까지 사방으로 날아가 구석구석에 처박혀 있었다.

세찬 바람에 닭들도 놀라 푸다닥거리며 전쟁을 방불케 하였다. 사방에 흩어진 물건들을 모아 대충 제자리에 갖다 놓고 나오면서 소리를 질렀다.

"이 쌍놈의 바람아! 이제 좀 잔잔해라! 조용해라!"

그리고 교회당 안으로 들어왔다. 그런데 바람이 더욱 세차게 몰아쳤다. 그야말로 미치광이처럼 불어 닥쳤다. 그냥 건물 안에 있기도 두려웠다.

그때 언젠가 바람이 벽 모서리에 얹힌 스피커를 떨어뜨리고 화이트보드를 깨부순 것이 생각났다. 교회당 커튼이 펄럭거리며 건물 안에서도 쌩쌩 소리를 냈다.

얼마 후 다시 밖으로 나가 보았다. 출입구에 깔아놓은 발판이 날아가 한쪽에 처박혀 있었다. 플라스틱 박스와 손수레가 차 밑에 굴러가 있었다.

뒤쪽에서 더욱 소리가 요란하여 돌아가 보니 누가 일부러 짓밟아 깨부순 듯이 붉은 플라스틱 다라가 산산조각이 나서 사방에 흩날리고 있었다.

교회당 벽면의 패널도 몇 장 떨어져 펄럭펄럭하였다. 낚시 도구가 통째로 날아가 소품이 남의 밭에 흩어져 있었다. 마치 사탄이 자기 분을 이기지 못하고 화풀이를 하는 것처럼 느껴졌다.

한편으로 생각하니 지구의 종말을 미리 보는 듯도 하였다. 언젠가 꿈에서 본 인류의 멸망에 대한 예고편이 아닌가 싶기도 했다.

내가 황량한 광야에서 사탄과 싸우는 예언자처럼 느껴졌다. 세찬 바람에 몸을 가누기도 힘들었지만, 공격과 방어를 서너 차례에 걸쳐 마치고 다시 교회당 안으로 들어왔다.

그리고 책상 앞에 앉아 컴퓨터 자판을 두드리기 시작하였다. 그때 전기가 나가버렸다.

"에라, 빌어먹을!" (2018. 3. 1)

1514. 봄

어떤 사람이 3살 아래 동생 친구와 술을 마시다가 불미스러운 사건을 일으켰다. 동생 친구가 그를 고소하면서 증거로 폭행 사진 10장을 보여주었다. 그도 동생 친구를 맞고소하면서 사진 1장을 제출하였다.

그리고 얼마의 시간이 지났는지 그가 아주 아팠다. 내가 그를 업고 병원으로 가고 있었다. 고가도로가 있는 어느 삼거리를 지나 좌측 산길로 들어가면서 그에게 물어보았다.

"어느 병원이지?"

"안암동 병원이야."

"얼마나 남았지?"

"저 언덕 너머야."

그래서 고갯길을 오르기 시작하였다. 발에 땀이 많이 나서 신발이 미끄러웠다. 거의 다 올라가 왼쪽 신발이 벗겨져 길 가운데 있는 하수구 구멍으로 떨어졌다.

뒤따라오던 그의 동생에게 부탁하려고 보니 틈새가 비좁아 손이 닿지 않을 듯했다. 그때 얼마쯤 앞서가는 그의 어머니도 있고 해서 그냥 맨발로 병원까지 가려고 하였다.

그런데 내 등에 업힌 그가 언제 내렸는지 하수구 아래쪽에 앉아 내 신발을 꺼내주었다.

"아니, 괜찮아?"

"응, 거의 다 왔어. 바로 저기서 조금만 더 내려가면 돼."

"정말 걸을 수 있어?"

"이 정도는 괜찮아."

그래서 언덕에 올라 아래쪽으로 조금 내려갔다. 중간에 통나무로 만든 벤치가 몇 개 있어 거기 앉아 잠시 쉬었다. 그때 그가 싱긋이 웃으며 좁은 틈새로 빠져나오는 모습이 보였다. 생각보다 많이 좋아져 안심되었다.

오랜만에 쉴 만한 여유가 생겨서 시원한 산바람을 맞으며 아래쪽 도로를 바라보았다. 어느덧 만개한 개나리가 길가로 쭉 이어져 있었다.

'그리고 보니 벌써 봄이 왔군.' (2018. 3. 4. 주일)

1515. 병문안

우리 교회에 나오던 집사님이 교통사고로 입원하여 병문안을 갔다. 포항에서 그의 누나 권사님을 만나 함께 병원을 찾았다.

　그는 공사장 막일을 하였으나 겨울에는 일거리가 없어 대리운전을 하였다. 밤을 지새우고 아침에 퇴근하여 잠을 자다가 보니 교회에 나오지 못했다.

　"몸은 좀 어떤가요?"

　"허리가 아파서 잠을 잘 수가 없어요. 일어나 걸으면 조금 낫고. 그리고 소변에 피가 섞여 나와요."

　"의사가 뭐래요?"

　"엑스레이 찍고 검사해 봤는데, 조금 지켜봐야 한다고."

　"엑스레이가 아니라 초음파 검사나 MRI 같은 것을 찍어 봐야 하는 거 아닌가요?"

　"이 병원에는 엑스레이밖에 없어요."

　"그러면 아예 큰 병원으로 가 보는 게…"

　"그것도 쉽지 않아요. 보호자도 없고."

　그때 그의 누나가 말했다.

　"아무튼 이제부터 신앙생활을 좀 잘해."

　"아휴, 누가 내 마음을 알아. 여자는 돈 번다는 핑계로 저렇게 나가 있고, 주말에 잠깐씩 와도 못 본 체하고, 고향 친구라는 남자와 만날 붙어서 살고, 비누 하나 샴푸 하나까지 다 챙겨 고향으로 보내고. 집에 가봐. 내가 쓸 것도 없어.

　그러면서 이혼하면 강제 출국되어 이혼도 못 한다는데, 내가 어쩌란 말이야? 정말 하나님이 계시면 한번 만나보고 싶어. 도마처럼 딱 한 번만 만져보고 싶어. 이렇게."

하면서 그 집사님이 훌쩍훌쩍 울기 시작하였다. 그 모습을 보기가 민망하여 슬쩍 빠져나와 간호사실로 갔다.

"담당 선생님을 한번 만나 뵙고 싶습니다."

그러자 전공의로 보이는 아가씨가 말했다.

"제가 담당이니 저한테 얘기하세요."

"환자가 많이 아프다고 하는데, 좀 큰 병원으로 가서 정밀 검사를 받으면 어떨까 싶어서요."

"거기 가 봤자 진통제 주사나 놓을 거고요. 소용이 없어요. 그래도 가시겠다면 퇴원 수속 밟아드리겠습니다."

그래서 한참 옥신각신한 끝에 담당 교수님을 만나게 되었다. 교수님이 미리 보고를 받은 듯 우리가 들어가자 바로 환자의 상태를 진단하기 시작하였다.

여기저기 환자의 몸을 짚어 보고 통증을 확인한 뒤, 침대에 눕혀 다시 한 번 확인하였다. 그리고 의자에 앉아 차근차근 설명하여 주었다.

"여기 환자의 엑스레이 보세요. 이걸로 다 알 수는 없지만 특별한 이상이 없는 것 같아요. 차가 급회전을 하면서 허리를 삐끗한 것으로 보입니다. 신경이 충격을 받았거나 조금 늘어났을 수도 있고요.

사고 후 4일이나 5일경 가장 통증이 심합니다. 그러다가 차츰 가라앉아요. 우리 병원은 가급적 진통제를 쓰지 않습니다. 그래서 지금 좀 아플 수 있습니다. 다음 주까지 기다려 보고 그래도 통증이 심하면, 이 옆에 있는 성모병원에 가서 사진을 찍어 볼 수 있습니다.

그리고 소변에 피가 좀 섞여 나온다고 해서 요로결석이 있는 게 아닙니다. 가끔 피로하거나 하면 그럴 수가 있어요. 아까 제가 확인한바 결석

증이 아니에요. 그러니 다음 주까지 좀 지켜보는 게 좋습니다."

"교수님의 말씀을 들으니 속이 다 시원합니다. 어때요? 교수님의 말씀대로 다음 주까지 기다려 보시지요."

"그래야겠어요."

그리고 밖으로 나와 환자의 허리를 감싸 안고 간절히 기도하였다.

"사랑의 주님, 주님께서 전 집사님의 사정과 형편을 어느 누구보다도 더 잘 알고 계십니다. 깨끗이 치료하여 주십시오. 다시 한 번 새롭게 하여 주십시오.

'네 영혼이 잘됨 같이 네가 범사에 잘 되고 강건하기를 원하노라.'

아멘, 주 예수여! 이 말씀이 오늘 집사님에게 응하였습니다. 저희는 잠깐 왔다가 가지만, 주님의 성령께서 집사님과 늘 함께하여 주십시오.

건강한 모습으로, 감사함으로, 주님께 영광을 돌리며 퇴원할 수 있도록 주님께서 집사님을 도와주십시오. 예수님의 이름으로 간절히 기도합니다. 아멘."

"아멘."

"병원에 계시는 동안 다른 일은 신경 쓰지 말고 제가 갖다 드린 성경과 『예수 복음』을 쭉 읽어 보세요. 우선 마음이 편해야 합니다. 그래야 병이 낫고 일이 잘 풀립니다."

"예. 감사합니다." (2018. 3. 3)

1516. 환자

대장암 수술을 받은 강 집사님과 신 집사님 부부가 우리 교회에 와서 이틀 밤을 자고 돌아갔다. 예배를 드리다가 대여섯 번씩 화장실을 들락날락거렸다. 보기에 안쓰러워 더욱 간절히 기도하였다.

"강 집사님의 영혼이 잘됨같이 범사에 잘 되고 강건하기를 빕니다."

"감사합니다. 귀한 책 꼼꼼히 잘 챙겨 읽겠습니다."

"그래요, 건강한 몸으로 다시 뵙기를 원합니다."

"여름휴가 때 다시 오겠습니다."

"예, 잘 가요." (2018. 3. 9)

1517. 할부 차

어느 교회에서 우리 교회에 승합차를 지원하였다. 전액 할부였으나 그 교회에서 할부금을 부담하였다. 그런데 매일 무슨 쿠폰을 주었다. 그만큼 차를 이용하는 조건이었다.

그래서 은근히 부담이 되었다. 게다가 우리는 이미 할부로 뽑은 차도 있어 더욱 그랬다. (2018. 3. 11. 주일)

1518. 식비

어느 식당에 점심을 먹으러 갔다. 입구에 식권을 파는 자매가 있었다. 양복 윗주머니에서 만 원짜리를 꺼내 주었더니 잔돈을 건네주었다. 그대로 주머니에 꾸겨 넣었다.

그러자 자매가 뭐라고 하면서 그 돈을 보자고 하였다. 주머니에서 꺼내 주었더니 쭉 펼쳐보고 말했다.

"보세요, 여기 천 원이."

그때 오천 원짜리 1장과 천 원짜리 5장이 있었다. 그러고 보니 나는 우대권 대상자로 식비가 1,000원이었다. 그래서 천 원짜리 1장만 빼고 돌려주었다. 다시 주머니에 집어넣고 식당으로 들어가려고 하였다.

그런데 자매가 또 불러 세웠다.

"잠깐만요."

그래서 멈춰 섰더니 또 그 잔돈을 보자고 하였다. 그래서 다시 꺼내 주었더니, 이번에는 오천 원짜리가 반으로 접힌 채 1장이 더 나왔다. 어떻게 된 영문인지 내 주머니에 들어갔다가 나오면 돈이 더 들어 있었다.

"이것 보세요."

하면서 반으로 접힌 오천 원짜리를 들고 흔들었다. 마치 내가 돈을 밝히는 파렴치한처럼 느껴졌다.

'내 주머니에 있던 내 돈이 따라 나온 게 틀림없어. 내가 여기 오면서 내 양복 윗주머니에 있는 돈을 확인할 때, 분명히 만 원짜리, 오천 원짜리, 천 원짜리가 있었고, 더욱이 오천 원짜리는 반으로 접혀 있었어.

그런데 서둘러 오느라고 그 돈을 아무렇게 꾸겨서 집어넣었지. 그 돈이 따라서 나온 게 맞아. 하지만 어떻게 그 말을 하지. 자매도 공직자로서 봉사하는 것 같은데. 그렇다고 가만히 있을 수도 없고. 참 난감하네.'

그때 잠에서 깨어나고 말았다. 그대로 말하지 못한 것이 못내 아쉬웠다.

'자매여, 일단 내가 거스름돈을 더 받은 걸로 보고 그 돈을 넣어두세요. 하지만 나중에 식권과 돈을 맞춰볼 때, 혹시 그 돈이 남으면 내 주머니에서 따라 나온 걸로 아세요.'

그리고 얼마 후, 나는 작은 일에 감사하지 못한 잘못을 크게 뉘우치게 되었다. (2018. 3. 11. 주일)

1519. 연합회

교회 정치가 싫어서 독립 교단으로 소속을 옮겼으나, 초교파 교회 후원 건으로 다시 지역 연합회에 가입하게 되었다. 지난 1월 19일 영덕북부교회연합회(영교연)에 가입하여 18번째 회원 교회가 되었으며, 오늘은 영덕군기독교연합회(영기연)에 80번째 회원 교회로 가입되었다는 연락을 받았다.

우리 교회는 초교파 단체로서 지역 연합회 가입에 이의를 제기하는 사람도 없잖아 있었지만, 학교 선배인 권 목사님과 이 목사님, 선교회 동기인 김 목사님, 연합회 부회장인 전 목사님의 적극적인 지지가 있었다고 들었다. 인근 기도원과 교회는 2번이나 가입을 희망하였으나 거절되었다고 했다.

아울러 우리 교회 연합회에서 영성 수련회가 있으니 참석하라는 연락을 받았다. 이 모든 일에 하나님의 크신 뜻이 계시리라 믿고 기대해 본다. (2018. 3. 12)

1520. 대물

부산 태종대 유람선 선착장같이 보이는 방파제로 내려가 낚시를 하였다. 릴이 아니고 들 낚시였으나 꽤 멀리 던져졌다. 물이 칙칙하여 반신반의하였으나 순간 찌가 쑥 올라왔다가 급속도로 끌려들어 갔다.

대물이 걸렸음이 분명하였다. 내 앞까지 쏜살같이 왔다가 다시 처음 물었던 곳으로 돌아갔다. 낚싯줄이 끊어질까 걱정되어 천천히 끌어당겼다. 과연 어른 팔뚝만 한 큰놈이 물었다. (2018. 3. 15)

1521. 육체의 가시

"고린도후서 12장 1절에서 10절까지 보겠습니다.

1. 자랑함이 나에게 이로울 것은 없으나, 이미 말이 나왔으니 주님께서 보여주신 환상과 계시들을 말할까 합니다.

2. 나는 그리스도인 하나를 알고 있습니다. 그는 14년 전에 3번째 하늘에까지 이끌려 올라갔습니다. 그때 그가 몸 안에 있었는지 몸 밖에 있었는지, 나는 알지 못하나 하나님께서는 아십니다.

3. 나는 이 사람을 압니다. 그가 몸을 입은 채 그렇게 했는지, 몸을 떠나서 그렇게 했는지 나는 모르지만, 하나님께서는 아십니다.

4. 이 사람이 낙원에 이끌려 올라가 말로 표현할 수도 없고, 사람이 말해서도 안 되는 말씀을 들었습니다.

5. 나는 이 사람을 자랑하려고 합니다. 그러나 나 자신을 두고서는 내 약점밖에는 자랑하지 않겠습니다.

6. 내가 자랑을 하더라도 진실을 말할 터이니, 어리석은 사람이 되지는 않을 것입니다. 그러나 자랑은 삼가겠습니다. 이는 사람들이 내게서 보거나 들은 것 이상으로 나를 평가하지 않게 하려는 것입니다.

7. 내가 받은 엄청난 계시들 때문에 사람들이 나를 과대평가할지 모릅니다. 그러므로 내가 교만하게 되지 못하도록 하나님께서 내 몸에 가시를 주셨습니다. 그것은 사탄의 하수인이라고 할 수 있는데, 그 걸로 나를 쳐서 내가 교만해지지 못하게 하시려는 것이었습니다.

8. 나는 이것을 내게서 떠나게 해 달라고 주님께 3번이나 간청하였습니다.

9. 그러나 주님께서는 이렇게 말씀하셨습니다. '내 은혜가 네게 족하다. 내 능력은 약한 데서 완전하게 된다.' 그래서 그리스도의 능력이 내게 머무르게 하려고, 나는 더욱 기쁜 마음으로 내 약점들을 자랑하려고 합니다.

10. 그러므로 나는 그리스도를 위하여 약함과 모욕과 궁핍과 박해와 곤란을 겪는 것을 기뻐합니다. 내가 약할 그때가 오히려 강하기 때문입니다.

사도 바울은 지상 최고의 영성을 가진 사람이었습니다. 자신의 신비한 영적 체험을 밝히면서 '육체의 가시'를 언급하고 있습니다. 그러면 여기서 바울이 말한 '육체의 가시'는 과연 무엇일까요?

'육체'는 연약한 인간의 본성을, '가시'는 끝이 뾰족하게 생긴 이쑤시개 같은 나무를 말합니다. 따라서 우리의 육신 안에서 우리 몸을 콕콕 찌르는 이쑤시개라고 할 수 있습니다.

이제까지 여러 학자들의 견해를 보면, 학질이나 안질, 간질, 두통 등의 질병이라는 사람도 있고, 병이 아니라 동족의 불신앙으로 인한 심적 고통이라는 사람도 있으며, 자신을 사도로 인정하지 않는 교인들과 전도를 방해하는 유대인들이라는 사람도 있습니다.

그런데 바울의 1, 2, 3차에 걸친 전도 여행과, 죄수의 신분으로 로마 여행까지 이어진 10여 년 동안 병으로 어려움을 겪었다는 기록이 없고, 신약 성경의 절반을 쓴 바울의 다른 서신에서도 그에 대한 언급이 없다는 점으로 살펴볼 때, 육신의 병이라 보기에는 설득력이 떨어집니다.

또한 동족의 불신앙으로 인한 마음의 고통도 없잖아 있었지만, '육신의 가시'로 자신을 치거나 때리는 자, 사탄의 하수인 등으로 표현한 것으로 봐서, 마음의 고통을 의인화하여 언급했다고 보기에도 그 강도가 너무 높습니다.

그렇다면 자신을 사도로 인정하지 않는 교인들과 전도를 방해하는 유대인이라는 셈이 되는데, 그럴 가능성이 가장 큽니다. 사실 후메내오와 알렉산더, 빌레도 등이 바울이 전한 복음의 믿음을 저버리고, 부활은 이미 지나갔다고 하는 등 진리에서 크게 벗어나 있었습니다. 그들을 가리켜 바울은 자신을 치거나 때리는 자, 심지어 사탄의 하수인이라고 한 것입니다.

그래서 결론적으로 바울이 10절에서 말합니다.

'그러므로 나는 그리스도를 위해서 약해지고, 모욕을 당하고, 가난하며, 핍박과 어려움을 받는 것을 기뻐합니다. 이는 내가 약할 그때에 오히려 강해지기 때문입니다.'

그리고 11절 이하에서 자신의 사도권을 옹호하며 반대자들에 대한 섭섭한 감정을 역설적이나마 그대로 토로합니다. 사실 고린도후서는 바울이 자신의 사도권을 변증하여 고린도 교인들의 오해를 풀어주려고 기록한 것입니다.

그리고 고린도는 무역 도시로서 극도로 타락한 세속의 전형이었습니다. 성적 타락과 향락 문화가 판을 쳤으며, 당시 아프로디테(Aphrodite, 풍요와 다산을 상징하는 성적 개방의 여신) 신전에 창녀들이 들끓었습니다.

아울러 고린도 교회도 세속화되어 파벌과 성적 범죄, 우상의 제물 문제, 예배 의식의 혼란, 무분별한 은사 등 온갖 문제가 생겨났습니다.

바울이 2차 여행을 통해 고린도 교회를 세운 후, 약 3년이 지나 바울이 에베소 교회에 머물고 있을 때 그런 소식을 듣고, 주후 56년경 급히 고린도전서를 기록해 디모데 편에 보냈습니다. 하지만 디모데는 고린도 교회의 그 혼란을 수습하지 못하고 돌아왔습니다.

그래서 바울은 다시 디도를 고린도 교회에 파견하여 사태를 수습하려고 하였지만, 그마저 여의치 않았습니다. 게다가 고린도 교인들 일부가 바울의 사도권에 문제를 제기하였다는 달갑지 않은 소식까지 전해 들었습니다.

이에 바울은 자신의 사도권을 변증하여, 자기가 전한 복음의 정당성과 확실성을 입증하려고 고린도후서를 기록하여 다시 디도를 통해 고린도 교회에 보냈던 것입니다.

그러므로 고린도후서는 8장과 9장에서 예루살렘 성도들을 위한 헌금에 대한 부분을 제외하고, 서신의 대부분을 그의 사도직에 대한 변호와 사도직 공격에 대한 방어 차원에서 기록하였습니다.

하지만 바울은 자신을 공격하는 사람들을 끝까지 미워하지 않고, 오히려 애타는 심정으로 간절히 권면하면서 이렇게 전하고 있습니다."

'누구든지 그리스도 안에 있으면 새로운 피조물입니다. 옛것은 지나갔습니다. 보십시오, 새것이 되었습니다.' (고린도후서 5. 17)

1522. 육신의 죄

"그런데 이 '육체의 가시'보다 더 심각한 '육신의 죄'가 사도 바울에게 깃들어 있었다는 사실입니다. '육체의 가시'가 외적인 것이라면 '육신의 죄'는 내적인 것이었습니다. 로마서 7장 20절에서 25절까지 보겠습니다.

20. 내가 해서는 안 되는 것을 하면, 그걸 하는 것은 내가 아니라 내 속에 자리를 잡고 있는 죄입니다.

21. 여기에서 나는 법칙 하나를 발견하였습니다. 곧 나는 선을 행하려고 하는데, 그러한 나에게 악이 붙어 있다는 것입니다.

22. 나의 속사람으로는 하나님의 법을 즐거워하나

23. 내 지체에는 다른 법이 있어서 내 마음의 법과 맞서 싸우며, 내 지체에 있는 죄의 법이 나를 포로로 만드는 것을 봅니다.

24. 아, 나는 비참한 사람입니다. 누가 이 죽음의 몸에서 나를 건져 주겠습니까?

25. 우리 주 예수 그리스도를 통하여 나를 건져주신 하나님께 감사를 드립니다. 그러니 내 마음으로는 하나님의 법을 섬기고, 육신으로는 죄의 법을 섬기고 있습니다.

그렇습니다. 이 '육신의 죄', 즉 사망의 쏘는 것이 우리 안에 있는 더욱 심각한 '육신의 가시'입니다. 2000년 전 바울의 고뇌가 바로 오늘날 우리의 고뇌입니다.

요즈음 세상을 떠들썩하게 하는 성폭행, 성추행, 성희롱 문제, M교회의 자식 세습 문제, S교회의 목회자 자격 문제, 다른 S교회의 장로 임직 문제 등이 남의 일이 아닌 바로 우리의 문제입니다.

천만다행히 우리가 유명세를 타지 못한 관계로 드러나지 않을 뿐입니다. 사실 우리는 누구 못지않은 위선자입니다. 천주교 수원 교구의 신부, 서울 S교회의 목사, 경남 S교회의 목사, 수원 S교회의 목사 등의 물의가 남의 일이라고 보십니까? 우리도 다 마찬가지입니다.

사실 성욕은 누구에게나 다 있습니다. 종족보존을 위한 수단으로 주어진 성욕을 쾌락의 도구로 삼은 것이 어제오늘의 일입니까? 멀리는 노아의 홍수 심판에서 바벨탑 사건, 아브라함과 이삭의 아내, 소돔과 고모라, 다윗의 자녀들, 헤롯 안티파스와 헤로디아, 고린도와 로마 등의 초대교회, 로마 제국의 멸망과 폼페이에 이르기까지, 그야말로 성적 문제에서 자유로운 시대는 한 번도 없었습니다.

우리가 다 알다시피 성욕과 잠욕, 식욕은 인간의 본능입니다. 잠꾸러기나 먹보라는 소리를 들을 정도라면 곤란하겠지만, 좀 지나치다고 해서 누가 뭐라고 할 사람은 없습니다. 하지만 성욕은 반드시 절제되고 통제되어야 합니다. 그래야 사람입니다.

그러나 인간의 탐욕과 노인의 노욕은 정말 큰 문제입니다. 탐욕은 물질과 권세와 명예를 말합니다. 이는 하나님께서 본능으로 주신 것이 아닙니다. 사탄이 부추겨 만들어 놓은 모조품입니다. 그래서 사탄의 올무에 빠진 사람들에게 달콤한 유혹으로 다가옵니다.

사실 물욕과 권세욕, 명예욕은 누구에게나 다가옵니다. 특히 종교 지도자들에게 가장 큰 복병입니다. 예수님의 청지기 정신, 석가모니의 무소유 정신, 공자의 안빈낙도 등이 탐욕을 벗어나야 한다는 가장 큰 가르침입니다.

그리고 더욱 심각한 것은 노욕입니다. 노욕은 생물학적 기능이 떨어진 노인들에게 성욕을 대체하여 다가오는 특성이 있습니다. 정말 심각합니다. 젊은이들은 실패하고 돌이켜 회개함으로써 구원의 여지가 있지만, 늙은이들은 그럴 시간적 여유도 없습니다.

이 노욕은 무차별적으로 다가와 목회자 노인들의 말년을 비참하게 만듭니다. 허접한 성욕은 물론, 하찮은 부귀영화와 공명, 빗나간 자식 사랑까지 겹쳐 교회를 사유화하고, 직분을 매매하는 등 온갖 추잡한 일을 저지르고 있습니다.

오늘날 한국 교회의 난맥상은 70대 이상의 늙은이들로부터 비롯되었습니다. 지금 40대 이하의 목회자들이 고스란히 그 피해를 보고 있을 뿐만 아니라, 50대와 60대도 그들을 본받아 따라하고 있습니다. 그들은 한국 교회 성장의 초석이 되기도 하였지만, 그들에 따른 적폐도 이만저만이 아닙니다.

사실 늙은이의 노욕은 그냥 대충 넘어갈 문제가 아닙니다. 교회 세습, 직분 매매, 교권 남발, 교회 분열, 공금 유용, 학사 비리, 학위 사칭, 사기와 도박, 고소와 고발, 협박과 폭행까지, 그야말로 본능과 물질과 권세와 명예에 매몰되어 시중 잡배보다 못한 짓을 일삼기 일쑤입니다.

이제 젊은이들을 중심으로 교회 정화를 위한 회개 운동과 개혁의 영성 운동이 들불처럼 일어나야 합니다. 탐욕과 노욕에서 벗어나 신령한 섬김의 은사를 사모해야 합니다. 그래야 한국 교회가 그나마 목숨이라도 유지할 수 있습니다."

1523. 싹쓸이

요즘 한국 교회의 앞날을 생각하니 잠이 잘 오지 않았다. 내가 봐도 정말 이상할 정도였다. 내가 무슨 능력이 있다고, 내가 걱정한다고 해서 무슨 영향력을 미친다고, 예전 같으면 한심하다고 생각하며 고개를 흔들었을 것이다.

그런데 여기에서도 하나님의 뜻이 있으신 것으로 여겨졌다. 무엇인가 내가 해야 할 일이 있는 듯했다. 그래서 한국 교회의 현 실태와 문제점을 좀 더 자세히 살펴보기로 하였다.

점심을 먹고 한국 교회의 난맥상을 생각하며 잠시 눈을 감았다. 그때 순간적으로 환상이 보였다. 불과 몇 초쯤으로 생각되는 아주 짧은 시간이었다.

오랜만에 고스톱을 쳤다. 판에 누군가 똥을 싸 놓았다. 내가 칠 차례가 되어 한 장을 따 먹었다. 그리고 똥을 뜨면 판쓸이를 하였다. 남은 화투도 몇 장밖에 남지 않아 잔뜩 기대되었다.

모두가 잔뜩 긴장하며 바라보고 있었다. 이윽고 한 장을 잡아때렸더니 비 쌍피가 나왔다. 깜짝 놀랐다. 다시 한 번 기회가 주어졌다. 똥만 나오면 한도가 초과하여 점수를 셀 필요도 없었다.

더욱 긴장하여 한 장을 떼다가 때렸더니 또 다른 쌍피가 나왔다. 쌍피를 여러 장 넣은 것으로 보였다. 그래서 3번째 한 장을 가져다가 때렸다. 그때 똥광이 나왔다. 그야말로 판쓸이에 싹쓸이까지 하였다. 내 일생일대의 최대 운이 미친 듯하였다.

그런데 내 왼편의 사람이 화투를 달라고 하면서 거두어갔다. 돈을 줄 생각이 없는 듯했다. 그래서 나도 받을 생각을 하지 않았다. (2018. 3. 24)

1524. 수삼

뭔가 계속 찜찜한 점이 있었다. 그것을 단절하기 위해 애썼으나 별 진전이 없었다. 그러던 어느 날, 엄지손가락만한 수삼을 잡고 허리를 싹둑 잘랐다.

그래도 미심쩍어 다시 1cm가량을 더 잘랐다. 그제야 시원한 느낌이 들었다. 그 수삼은 얼마나 긴지, 어디까지 뻗어 박혀 있는지 아랫도리 부분이 보이지 않았다.

이후 어머니와 함께 어디를 가려고 하다가 그 전에 장작을 패서 군불을 때려고 하였다. 그때 한 친구와 아이들이 내 일을 도와주었다.

그리고 보니 누군가 이미 닭장 안에 군불을 지펴 놓았다. 참나무와 소나무 장작이 양쪽에 가득 쌓여 불이 이글거리며 타고 있었는바, 더 이상 장작이 필요치 않았다.

그때 병아리가 자꾸 뛰쳐나와 기왓장으로 막는 등 닭장을 손보았으나, 워낙 많이 낡아서 시원치 않았다. (2018. 3. 25. 주일)

1525. 목사 안수

2006년 후반에 어느 정치 목사의 꼬임에 빠졌다. 환갑을 맞은 사람에게 연구원 과정을 마저 이수하는 조건으로 안수하여 우리 교회 부목사로 일을 맡겼다. 그러자 그가 교회를 심히 어렵게 하였던바, 결국은 목회를 포기하고 낙향하였다.

그리고 오늘 우리 교회 한 자매가 목사로 임직하였다. 자매의 뜻에 따라 어느 보수 교단 경인노회에서 의식을 거행하였다. 자매는 10년 전에 신학을 하고, 2년 전 연구원 과정을 마친 후, 2년 동안의 실무 수습을 거쳤다. 하지만 여전히 오만한 기질을 가지고 있었는바, 마음은 편치 않았다.

그동안 어려운 일도 많았고 숱한 우여곡절을 겪었지만, 주님의 뜻에 따라 나름대로 귀히 쓰임받기를 빈다. 어떠한 형편으로든지 주님께서 다

듬고 다듬어서 사용하실 것이라 믿어 의심치 않는다. (2018. 3. 26)

1526. 토수의 흙손

한 토수가 미장을 하고 있었다. 들고 있는 흙손으로 순간순간 옆에 세워진 사각 파이프 가로 면과 세로 면을 문질렀다. 그러자 흙손이 깨끗하여 다음 일을 수월하게 하였으며, 파이프의 가로 면과 세로 면이 반들반들하게 닳아 모서리가 칼처럼 날카로웠다.

그때 교회의 재정 관리 시스템이 생각났다. 헌금과 후원금, 수입과 지출, 차변과 대변의 대차대조표 등을 만인에게 공개하여 투명성을 제고해야 하며, 완전하고 완벽하게 운영하여 칼처럼 예리한 무기로 만들어야 한다는 것이었다.

교회의 규모가 크든 작든 처음부터 그렇게 재정을 관리하고 운영해야 하나님과 사람 앞에서, 더욱이 세무 신고 등에 있어서 안전할 수 있다는 교훈으로 다가왔다. (2018. 3. 28. 새벽)

1527. 아스팔트

아스팔트 틈새에서 조그만 불꽃이 솟구치더니, 기름을 뿌려놓은 듯 금세 사방으로 퍼져나갔다. 그러다가 갑자기 사그라졌다. 왜 그런가 보았더니 바닥에 물이 홍건하였다. 어디서 흘러왔는지 손바닥 두께 정도로

물이 찰랑거렸다. (2018. 3. 28. 오후)

1528. 한국 교회

지난 3월 22일, 영성 세미나 참석차 울산에 있는 교회로 갔다. 영성이라는 주제를 보고 솔깃한 점도 없잖아 있었지만, 다른 볼일도 있었다.

서울에서 46년간 목회하면서 교회 담임과 신학교 교수, 부흥사까지 겸하고 있다는 70대 강사가 2시간 남짓 강의하며 자서전을 나눠주었다. 세미나가 아니라 그냥 간증 집회였다. 그야말로 1980년대 부흥사 스타일이었다. 그래서 귀로는 들으면서 눈으로는 나눠준 그 책을 대충 다 읽었다.

그때 오늘날 부자 목사들의 인식에 참 문제가 많다는 사실을 확인하였다. 왜 그리 보수적이고 기복적이며 제왕적인지, 다시 한 번 곰곰이 생각하게 되었다. 그는 올해 74세로서 은퇴를 앞두고 있었다.

2번이나 교회 세습을 시도했으나 공동의회에서 부결되었다고 들었다. 그런데도 연말까지 반드시 세습하겠다고 다짐하였다. 상당수 반대자들이 이미 교회를 떠났는바, 이제는 가능하다는 듯 자신감을 내비쳤다.

일찍이 80명의 교인 가운데 40명이 반기를 들고 민주적으로 교회를 운영하라는 12가지 제안을 하였으나, 자신은 민주주의가 아니라 신주주의로 교회를 운영한다고 하면서 거절한 간증을 자랑스럽게 하였다.

그 결과 교회가 둘로 갈라지기는 하였으나, 그들 사이에 분란이 생겨 그 교회가 풍비박산이 되었으며, 그 주동자 가운데 2명이 지금 중풍으로 쓰러져 일어나지 못한다고 심판자처럼 얘기하였다.

오늘날 신주주의라는 말이 어디에 있는가? 혹시 있다고 해도 그것은 하나님의 관점에서 가능한 통치 방법일 것이다. 신주주의라는 미명하에 독재를 일삼는 목사는 이제 그만 사라져야 한다. 오늘날 교회는 민주적 절차를 중시한다.

교회는 제왕적 목사의 독선을 배제하고, 하나님의 뜻이 어디에 있는지 활발하게 의논하고 토론하는 과정에서 가급적 합의를 도출해야 한다. 여기에 성령님의 인도가 있다. 교회의 공적 회의를 통해 성령님이 역사하시기 때문이다.

다수에 의해 예수님이 십자가에 달려 돌아가셨다는 이유로, 가나안 정탐꾼들의 다수 의견을 모세가 외면했다는 이유로, 자신의 뜻을 관철하려고 해서는 안 된다. 이것이 바로 종교적 독선이요, 독재다.

하나님께서 선히 여기시는 뜻을 누가 다 알겠는가? 자신이 3500년 전의 모세인 양 거들먹거려서는 안 된다. 모세는 하나님과 대면하여 직접 지시를 받고 특수 임무를 수행한 사람이다.

또 예수님이 군중의 다수결에 의해 돌아가셨다고 해서 민주적 절차를 무시해서도 안 된다. 그것도 하나님의 계획하에 있었기 때문이다.

모든 교회는 민주적 절차에 따라야 한다. 기도 가운데 성령님의 인도를 바라고 가급적 전원 합의를 도출해야 한다. 하나님의 뜻을 목사만이 알 수 있다는 생각은 오만이다. 교회의 운영과 재정을 자기 마음대로 하려는 사고방식은 교회를 무시하는 사탄의 술수요, 하나님을 모독하는 처사다.

그리고 느닷없이 현 정부에서 헌법 초안을 발표하면서 국민이라는 용어를 사람으로 바꾸었다는 이유로 사회주의 헌법이라고 주장하는가 하면, 대통령 비서실 직원들 가운데 주사파가 들끓어 적화 통일이 우려된 다는 등, 그야말로 70년, 80년대 사상을 그대로 가지고 있었다. 정말 입 맛이 씁쓸하였다.

'아, 한국 교회 늙은이들의 사고방식이 왜 이렇게 비뚤어졌을까? 건전 한 진보 성향의 목사를 찾아보기 힘들 정도니. 이것도 알고 보면 다 그놈 의 돈 때문이야. 돈이 없을 때는 그러지 않았어.'

사실 오늘날 부자 목사들은 무소불위의 교권과 달콤한 명예, 풍요로 운 돈맛에 빠져 정신적으로 공황 상태에 있다. 그것이 성공한 목사의 자 랑인 양 치부하며, 국가와 민족을 사랑하는 애국인 양 착각하고 있다.

이는 분단국가의 특수성에 따른 안보 의식, 이승만의 자유당, 박정희 의 공화당, 전두환의 민정당, 노태우의 민자당으로 이어지는 40년간 보 수 정권의 정치적 세뇌에도 그 원인이 있다. 사실 나도 그들의 반공방첩 교육에 세뇌되어 김영삼, 김대중 등의 정치인들을 빨갱이로 알고 살았다.

자세히 모르긴 하여도, 1960년대 이전에 태어난 50대 이상의 사람치 고, 반공방첩 사상에 물들지 않은 사람은 거의 없을 것이다. 그들이 어 느 정도 세상을 떠날 때까지, 이념의 자유를 누리기는 사실상 어려울 것 으로 보인다.

2017년 기독교윤리실천운동(기윤실)이 실시한 여론조사에 의하면, 50% 이상의 교인이 교회를 신뢰하지를 않는다고 대답하였다. 신뢰한다 는 비율은 고작 20%였다. 그 이유는 목사의 언행 불일치(25%), 교회의 비 리와 부정부패(21%), 타 종교에 대한 배타성(10%), 무분별한 선교 활동 (10%) 등이었다.

이렇듯 교인 10명 가운데 5명 이상이 교회를 불신하고 있음에도, 오늘날 교회 지도자들은 별로 문제의식을 느끼고 있지 않다. 오히려 분열과 갈등의 중심에 서서 사리사욕을 채우는 일에 몰두하며 예수님을 다시 십자가에 못 박고 있다.

교회를 섬기는 목사들이 선교를 빙자해 교인들의 돈을 가로채는가 하면, 성적 타락, 금품 선거, 직분 매매, 교권 추구, 교회 세습 등을 스스럼 없이 자행하고 있다. 그래서 한국 교회는 더욱 사회의 지탄이 되고 있으며, 교회의 신뢰도는 한없이 떨어지고 있다.

교권자는 돈과 권세, 명예를 위해 이전투구하며 교회를 아수라장으로 만들었다. 목사와 교인 간의 고소고발 사건이 비일비재하게 일어나는가 하면, 스펙을 앞세운 가짜 논문과 학위, 은사라는 가면을 쓰고 다가오는 신비주의와 물량주의, 번영신학 등이 타락한 중세교회를 방불케 한다.

이러한 모습에서 한국 교회의 마이너스 성장은 너무나 당연한 일이며, 교인들이 교회와 목사를 불신하고 교회를 떠날 수밖에 없다. 앞으로 수 년 내에 교인은 절반으로 줄어들 것이며, 이대로 방치하면 반의 반으로 추락할 것이다.

또한 하나님께서 종족보존의 수단으로 주신 성적 본능을 오남용하여 사회의 지탄이 되기도 한다. 목사가 탈선하여 상습적으로 성범죄를 저지를 경우 교회에 치명상을 입히게 된다.

물론 사정에 따라 다를 수도 있겠지만, 그에게 거세를 권하는 것도 좋은 방법이라고 본다. 그가 원한다면 거세에 응할 것이고, 그렇지 않으면 교회를 떠날 것이다.

사실 2세기 알렉산드리아 신학자 오리게네스는 스스로 거세하여 성적 유혹에서 자유롭게 되었던바, 기독교 역사상 최초의 성경 신학자가 되었다. 사실 건강한 사람치고 어느 누가 성적 유혹에서 자유롭겠는가?

그리고 한국 교회는 70년, 80년대부터 큰 교회당을 성공의 척도로 삼았다. 누가 더 많은 교인을 끌어모으느냐에 혈안이 되었다. 그래서 전도는 교인 늘리기 운동이 되었으며, 기업적 마인드로 인센티브를 제공하여 판촉 활동을 벌였다. 목사의 평가도 자연히 교회 교인의 숫자가 기준이 되었다. 그래서 교인 빼내기 등의 부끄러운 짓도 공공연하게 자행하였다.

그러다 보니 목사는 더욱 돈과 권세, 명예를 얻기 위해 혈안이 되었으며, 교회 성장을 위해서라면 수단과 방법을 가리지 않았다. 마치 교인으로 종교 장사를 하듯 회개와 믿음이 없는 사람에게 세례를 남발하고, 헌신과 충성을 요구하며 교회 직분까지 매매하였다.

결국은 교회 세습으로 한국 교회를 타락의 절정으로 끌어올렸다. 세습은 교회 안에서 분열과 분쟁을 조장할 뿐만 아니라, 교회의 일치성과 보편성을 크게 훼손시켜 사유화하게 만들며, 공교회성을 박탈하여 주님의 몸을 현저히 욕보이는 파렴치한 범죄 행위다.

담임목사 세습의 주원인은 교회 안에 쌓인 돈이다. 사탄이 쳐놓은 맘몬 숭배의 함정에 빠진 것이다. 세습은 교회의 몸 된 예수 그리스도를 정면으로 부정하고, 교회의 정체성을 통째로 뒤흔들게 된다. 왕조 시대의 왕위 계승이나 재벌 일가의 상속과 무엇이 다른가?

오늘날 50대, 60대 목회자도 종교적으로 세뇌되기는 마찬가지라고 본다. 70대, 80대의 이데올로기적 사상을 그대로 받아들여 보수화되었으며 현실에 안주하고 있다. 한국 교회 노인들의 이 노욕을 누가 감히 말리겠는가?

한국 교회는 지금의 노인들이 세우고 부흥시킨 것이 맞지만, 철저하게 망가뜨리고 있는 것도 바로 그들이다. 그들에게 효도한답시고 교회를 상속하지 마라. 그들은 자식까지 끌어안고 지옥으로 들어가고 있다. 하나님께서 불꽃 같은 눈동자로 지켜보고 계신다.

처음이자 마지막으로 한국 교회 노인들에게 이 한마디만 꼭 드리고 싶다.

"이제 제발 그만들 하세요! 그리고 좀 회개하세요!"

그리고 젊은이들에게 말한다.

"젊은이들이여, 다들 들고 일어나라!

한국 교회 노인들을 비판하고 울분을 토하라!

현실을 직시하고 작은 일부터 하나하나 개혁하라!

노욕에 사로잡힌 타락한 노인들을 더 이상 본받지 마라!

그들의 교훈을 멀리하고, 그들의 행태는 철저히 배척하라!

그리고 끝까지 불의와 항거하라!"

1529. 회개하라!

1. 교회가 이처럼 타락한 원인의 99%는 사리사욕에 사로잡힌 목사에게 있다.
2. 목사가 교회 안에서 성적 범죄를 저질러 사회적으로 지탄의 대상이 되었다.
3. 목사가 연예인이나 코미디언처럼 인기에 영합하여 값싼 구원관을 조장하였다.

4. 목사가 종교적 아집과 독선에 빠져 교회를 민주적으로 운영하지 못했다.

5. 목사의 영성 결핍으로 성도는 그리스도의 은혜를 제대로 누리지 못했다

6. 목사가 교권을 추구하면서 교회의 분열을 초래하고 일치를 방해하였다.

7. 목사가 교회 헌금을 빼돌려 사유 재산을 축적함으로써 부자가 양산되었다.

8. 목사가 노욕을 극복하지 못하고 직분 매매와 담임 목사직을 세습하였다.

9. 목사가 돈과 권세, 명예를 추구함으로써 교회를 더욱 세속화했다.

10. 목사가 물량적 기복주의와 세속적 성공주의를 극복하지 못했다.

11. 교회가 사회적으로 책임을 다하지 못하여 공공성을 크게 훼손시켰다.

12. 교회가 대형화와 성과주의에 사로잡혀 선교와 구제를 소홀히 하였다.

13. 교회가 자본주의에 편승하여 현세적인 복을 추구하는 무당 종교로 변질되었다.

14. 교회가 이신득의 교리를 잘못 적용하여 허탄한 구원을 남발하였다.

15. 교회가 목사의 스펙을 중시하여 가짜 논문과 학위를 양산했다.

16. 교회가 목사를 성직자처럼 떠받들고 섬김으로써 우상화하였다.

17. 교회가 무리한 선교 활동으로 덕을 끼치지 못하고 해악을 초래하였다.

18. 교회가 현란한 춤과 노래 등의 세속 문화를 여과 없이 받아들였다.

19. 교회가 정치권력과 결탁하여 예언자적 사명을 감당하지 못했다.

20. 교회가 민주주의 발전에 기여하는 개혁 세력의 주체가 되지 못했다.

21. 교회가 사회 정의에 앞장서지 않고 섬김과 나눔의 본을 보이지 못했다.

22. 교회가 개 교회주의로 사회적 공공성과 신뢰성을 현저하게 약화했다.

23. 교회가 인권 신장과 인도적 실천 운동에 적극적으로 나서지 않았다.

24. 교회가 한반도 평화 정착과 통일 운동에 나서지 않고 수구적 입장을 취했다.

25. 교회가 심각한 경제적 불평등 속에서도 정의와 공평을 실현하지 못했다.

26. 교회가 하나님의 피조 세계를 보존하고, 생태계를 보호하는 일에 소홀하였다.

27. 교회가 환경오염, 인공지능, 동성애 등 사회적 이슈에 대응하지 못했다.

28. 교단 지도자는 노회나 총회, 연합기구 등의 직책을 권위의 대상으로 삼았다.

29. 교단 지도자는 섬김의 본을 보이지 않고 특권 의식에 사로잡혀 세도를 부렸다.

30. 교단 총회장 등의 선거에서 금권과 불법을 일삼아 교회의 명예를 실추시켰다.

31. 교회의 머리는 그리스도임에도 불구하고 총회장 등이 그 자리를 대신하였다.

32. 교인 숫자와 교회당의 크기에 따라 목사의 역량을 평가하는 오류에 빠졌다.

33. 교권의 향수에 젖은 정치 목사가 교단을 사분오열시켜 갈등을 조장하였다.

34. 교단의 분열은 사회적 공신력의 실추로 이어져 선교 능력을 상실케 하였다.

35. 연합기구가 나뉜 것도 타락한 정치 목사의 교권주의에 그 원인이 있다.

36. 교단 총회와 연합기구는 목사의 생활비, 연금 등에 관한 기준을 제시하지 못했다.

37. 불법적 교회 세습은 목사의 노욕으로 인한 범죄임에도 제도적으로 막지 못했다.

38. 매년 300개의 신학교에서 10,000명의 목사를 배출하면서 대책을 세우지 않았다.

39. 교권자가 돈과 권세, 명예와 인기 등을 추구하여 교권주의에 빠졌다.

40. 교권자가 16세기 개혁자의 정신을 망각하고 교회의 직분을 계급화했다.

41. 교권자는 목사와 장로 등에 대해 임기제를 도입하는 등 계급 타파에 무관심하였다.

42. 교권자는 담임목사와 시무장로 중심의 폐쇄적인 의사 결정 구조를 유지했다.

43. 교권자는 개혁자의 정신에 따라 성경적이고 민주적인 방식으로 교회를 운영하지 못했다.

44. 교권자는 청지기 정신에 따른 청빈한 삶을 외면하고 부귀영화와 공명을 추구했다.

45. 교권자는 나눔과 섬김의 삶을 외면하고 번영주의 신학에 빠져 돈만 좇아갔다.

46. 교권자는 교회의 화해와 일치를 위해 노력하지 않고 오히려 분열과 갈등을 조장하였다.

47. 교권자는 이기주의와 배타주의를 배척하지 못하고 독선적 사고방식에 머물렀다.

48. 교단과 연합기구는 통일된 신학 교육과 목사 양성에 관한 기준을 제시하지 못했다.

49. 교회의 재정을 투명하게 운영하지 않음으로써 비리의 온상이 되었다.

50. 교회당과 기도원 등에 너무 많은 돈을 투자하여 공동화 현상을 유발했다.

51. 칠순이나 팔순, 취임이나 임직 등을 예배로 포장하여 헌금을 받아 챙겼다.

52. 교파와 교회 간의 경쟁을 유발해 성도들을 허접한 상품의 객체로 만들었다.

53. 중세교회가 면죄부를 판매하듯 교인에게 헌금을 강요하여 교회의 권위를 실추했다.

54. 교회가 급성장하는 과정에서 자본주의 논리에 빠져 스스로 물질의 노예가 되었다.

55. 교회를 기업화하여 목사를 종교 시장의 장사꾼이나 경영인으로 전락시켰다.

56. 목사에게 고액의 연봉과 수당을 지급하여 목사의 타락을 부채질하였다.

57. 은퇴 목사에게 고액의 전별금을 지급하여 교회의 재산을 낭비하였다.

58. 시대의 흐름에 적응하지 못하고 개혁을 방관함으로써 한국 교회를 나락으로 떨어뜨렸다.

59. 노인들은 부귀영화와 공명에 빠져 그것이 하나님의 축복인 양 현실에 안주하였다.

60. 젊은이들은 노인들의 행태를 그대로 답습하여 교회를 개혁하지 않았다.

1530. 항거하라!

1. 목사에 대한 윤리를 세상의 윤리보다 더욱 엄격하게 적용하라.

2. 교회 안에서 성적 문제를 야기한 목사에게 자발적 거세를 권유하라.

3. 성공의 법칙을 강조하거나 코미디언처럼 귀를 즐겁게 하는 설교를 삼가라.

4. 목사가 비민주적으로 교회를 운영할 경우 공개하는 시스템을 구축하라.

5. 하나님의 말씀을 올바르게 해석하고 전함으로써 죄인들의 회개를 유도하라.

6. 교권주의를 타파하고 교회의 일치와 화합 운동에 적극 동참하라.

7. 목사의 부정부패나 비리가 드러날 경우 반드시 감사하여 엄중 문책하라.

8. 돈을 받고 직분을 주거나 교회를 세습한 목사는 이유 여하를 불문하고 파문하라.

9. 사탄이 파놓은 탐심에 사로잡혀 돈과 권세, 명예를 추구하지 마라.

10. 교회 안에서 무분별한 은사주의나 신비주의, 무속적 예언 행위를 금하라.

11. 교회의 공공성과 사회성을 깊이 인식하고 각자의 위치에서 책임을 다하라.

12. 교회 재정의 투명성을 확보하고 선교와 구제 등에 최선을 다하라.

13. 기복주의에 편승한 세속 프로그램을 교회 안에 끌고 들어오지 마라.

14. 예배 시간에 말씀을 대치하는 간증 집회나 열린 예배를 지양하라.

15. 세속적 기준이나 스펙에 의한 목사 청빙이나 장로 임직을 금하라.

16. 만인제사장 정신을 살려 목사를 성직자로 여기거나 우상화하지 마라.

17. 인간의 종교심을 부추겨 헌금을 요구하거나 무분별한 선교 활동을 삼가라.

18. 현란한 춤과 음악 등으로 사람을 흥분시키는 행위를 금하라.

19. 목사 청빙을 알선하고 돈을 받아 챙기는 중간 브로커를 퇴출하라.

20. 원로목사 제도를 폐지하고 교회 정치에 간여하지 못하도록 멀리 떠나보내라.

21. 진리의 수호자로서 사회 정의에 앞장서고 섬김과 나눔의 본이 되라.

22. 지역별 연합기구를 법인화, 상설화하여 교회의 재산과 재정을 통합 관리하라.

23. 건강한 교회와 사회를 위한 운동에 적극 동참하여 개혁의 주체가 되라.

24. 세계 평화 정착과 한반도 통일을 위한 운동에 교회가 적극 나서라.

25. 사회의 정의 구현과 경제적 불평등 해소를 위해 교회가 솔선수범하라.

26. 생태계를 보호하고 환경을 보존하는 일에 선도적으로 역할을 감당하라.

27. 대기 오염, 인공 지능, 동성애 등 사회적으로 민감한 사안에 대해 적극 대처하라.

28. 지역별 연합기구에서 목사 임기제를 도입하고 인사권을 행사하라.

29. 정기적으로 감사를 실시하여 부정과 비리를 예방하는 시스템을 구축하라.

30. 교단 정치, 연합기구 활동에 금권 유입을 차단해 실추된 명예를 회복하라.

31. 부정과 비리의 온상이 된 대형 교회를 분리해 알차고 작은 교회로 나눠라.

32. 교회 간의 다양성을 인정하고, 교인이 교회를 옮길 경우 이명 증서를 발급하라.

33. 시군구 연합기구는 한국 교회 연합기구와 유기적으로 협력하는 체계를 구축하라.

34. 세계 복음주의 연맹과 세계교회협의회 등에 가입하여 공동의 선을 추구하라.

35. 세계 복음화와 에큐메니컬 운동에 적극 동참하여 우물 속의 개구리가 되지 마라.

36. 연합기구는 목사 생활비와 연금 등을 지급하기 위한 매뉴얼을 마련하라.

37. 부정한 방법으로 교회를 세습하지 못하도록 총회와 연합기구는 법을 제정하라.

38. 교회와 신학교, 교단, 연합기구는 무임 목사에 대한 대책을 강구하라.

39. 목사가 돈이나 권세, 명예 등을 추구하지 못하도록 윤리 강령을 제정하라.

40. 총회와 노회, 당회 등의 수직 교회를 지양하고 기능별로 직무를 분산시켜라.

41. 교단과 연합기구는 목사와 장로 등의 종신직을 타파하고 임기제를 도입하라.

42. 목사와 장로 중심의 의결 기구를 폐지하고 전 교인이 참여하는 합리적 절차를 회복하라.

43. 교회의 운영은 성경적이고 민주적인 방식을 고려하여 불만의 소지

를 제거하라.

44. 교회 지도자는 도덕적으로 깨끗하고 물질적으로 청빈한 사람을 세워라.

45. 교제에 인색하고 나눔을 실천하지 않는 사람을 지도자로 세우지 마라.

46. 불평불만에 사로잡혀 화해와 일치를 저해하는 자를 지도자로 여기지 마라.

47. 이기주의와 배타주의에 사로잡혀 독선과 독재를 일삼는 자를 멀리하라.

48. 교회당을 성전이라 부르지 말고 강단을 제단이라 일컫지 마라.

49. 은퇴 목사의 아름다운 노후를 위해 합리적인 프로그램을 마련하라.

50. 합리적인 재정관리 시스템을 구축하여 교회 헌금을 낭비하는 일이 없도록 하라.

51. 개인적 신앙이나 하나님의 영광을 빙자하여 헌금을 강요하지 마라.

52. 교회를 이단이나 사교 단체에 팔아 교인을 종교 상품으로 만들지 마라.

53. 종교 다원주의를 배격하고, 기복적이고 무속적인 신앙을 철저히 배척하라.

54. 자본주의 향수에 빠져 스스로 물질의 노예가 되지 않도록 자중자애하라.

55. 불건전한 신학을 배격하고 바른 신앙을 정립하여 종교 장사꾼의 소리를 듣지 마라.

56. 목사의 생활비는 국가에서 정하는 중위 소득을 넘지 않는 범위 안에서 지급하라.

57. 은퇴한 목사에게 연금을 지급하되, 고액의 퇴직금이나 전별금 등으로 교회 재산을 축내지 마라. 아파트 등이 필요한 경우에는 빌려주어라.

58. 제비나 성경 구절 뽑기, 기복적인 성경 읽기나 필사, 주여 삼창이나 무속적 통성기도 등을 금하라.

59. 재정은 만인에게 공개하여 투명성을 확보하고, 기도, 헌금, 봉사 등을 복 받는 수단으로 여기지 마라.

60. 교회와 교단, 연합기구는 권징 제도를 활성화하여 범죄자의 회개를 유도하라.

1531. 흑비둘기

어느 바위투성이 강을 따라 외줄이 이어져 있었다. 그 줄에 도르래가 달린 것으로 보이는 줄에 매달려 오르락내리락하며 찬송가를 불렀다.

하늘에 가득한 영광의 하나님,
온 땅에 충만한 존귀하신 하나님,
생명과 빛으로 지혜와 권능으로
언제나 우리를 지키시는 하나님,
성부와 성자와 성령, 삼위의 하나님,
우리 예배를 받아주시옵소서⋯.

그러다가 줄에서 내려와 보니 흑비둘기 한 마리가 그 줄에 앉아 있었다. 조심조심 다가가 잡았더니 조금도 반항하지 않고 순순히 잡혀주었다.

그런데 배가 풍선처럼 팽팽하여 어딘가 모르게 이상하였다. 땅바닥에 내려 뒤집어 보았더니 가슴과 배 부위의 털은 거의 다 빠지고 등에만 털이 있었다.

몸집은 암탉만큼 컸고 생긴 것은 까마귀와 비슷하였으나, 전체적인 신체의 구조는 비둘기였다. 벌렁 자빠져 그대로 있기에 배를 살살 긁어 주었더니, 짜증스러운 투로 사람의 말을 하였다.

"아이, 배가 아니라 등이야. 등! 등을 긁어 줘."

깜짝 놀라 등짝을 슬슬 문질렀더니 신경질적으로 다시 말했다.

"좀 세게, 세게 긁으란 말이야."

그래서 등을 세게 긁었더니 좀 아플 것 같았다. 그때 속이 불편하다고 하면서 똥을 싸려고 하였다. 그런데 그곳이 내가 생활하는 공간이었다. 내가 얼른 말했다.

"이쪽, 이쪽에다 싸!"

그러자 흑비둘기가 옆으로 살짝 물러나 사방을 빙 둘러가며 똥을 쌌다. 허연 우유 같은 물똥이었다. 그런데 그 물똥이 약간 경사진 아래쪽으로 흐르며 둥근 원을 그렸다. 마치 평화를 상징하는 오륜기처럼 보였다.

그렇게 똥을 싸고 나서야 비로소 속이 편한 듯, 이리저리 돌아다니며 몸을 활발하게 움직이기 시작하였다. 똥을 쌀 수 있는 은혜를 주신 하나님께 감사하는 것처럼 보였다.

까마귀 같기도 하고 오골계 같기도 한, 그 검은 비둘기의 모습에서 누구를 보는 것 같아 입맛이 씁쓸하였다. (2018. 3. 29)

1532. 나의 조국

시간이 되자 사람들이 하나씩 둘씩 퇴근하기 시작하였다. 나만 홀로 남아 계속 부침개를 부치고 있었다. 그런데 그들이 곧장 퇴근하지 않고 나에게 다가와 그 모습을 지켜보았다.

그들 가운데 '조국'이라는 교수는 아예 앞치마를 두르고 앉아 프라이팬을 잡고 부침개를 부쳤다. 약간 서투르기는 하였으나 주변 사람들을 불러 모아 세우는 역할을 하였다.

"반죽은?"

"야채는?"

"기름은?"

"이거 말하는 거야?"

그러고 보니 그는 어느새 기름을 바르는 솔을 막대기에 매달아 쓰기 편하게 만들어놓았다.

"아, 조국!"

그때 그는 내가 하는 일을 대신하였고, 나는 그 옆에서 그의 일을 도와주었다. 다른 사람들은 우리를 빙 둘러서서 지켜보고 있었다.

"아, 나의 조국!" (2018. 3. 29)

1533. 마지막 소회

이제까지 나는 주님의 뜻에서 벗어나 파란만장하게 살아왔다. 어느 모로 보나 내 인생은 실패한 작품이었다. 천지 내력도 모른 채 공부를 잘한 소년 시절이나, 불의의 사고로 장애를 입고 타락한 학창 시절이나, 격변기를 만나 불운했던 공직 생활이나, 공황 상태에서 불행을 자초한 결혼 생활이나, 영적 무지에서 시작한 목회자의 길이 다 어울리지 않았다.

하지만 하나님께서는 그 모든 실패를 그대로 받아들여 선으로 합력시키며 나를 사용하셨다. 이에 나는 감사할 따름이다. 성공하여 행복하므로 감사하는 것이 아니라, 실패하여 불행한 가운데서도 주님이 함께하셨던바 감사하는 것이다.

우리 주 예수 그리스도의 무궁무진한 은혜와 사랑이 여러분과 함께하기를 빈다.

1534. 감사 인사

예수나라 옴니버스 시리즈를 완간하도록 이끌어주신 주님께 심심한 감사를 드린다. 그동안 기도와 물질로 도움을 아끼지 않은 부모님과 이승회 목사, 형제자매들, 아들딸들, 새마음교회 이재용 목사, 군종 출신 권종태 목사, 주성엔지니어링 박용석 집사, 한국달리다굼선교회 김상섭 목사, 생명터교회 전병덕 목사, 생기나라한의원 채기헌 박사, 진수헤어숍 최진수 집사, 토르말린찜질방 전명자 권사, 삼양목욕탕 변만석 집사, 가산교회 정동재 집사 등에게 감사를 표한다.

1535. 고별 기도

"주님, 이제 때가 되었습니다. 종이 주님을 영화롭게 하도록 도와주십시오. 그동안 주님의 이름을 드러내려고 노력하였습니다. 나름대로 주님의 말씀을 전하려고 애썼습니다.

종의 것은 모두 주님의 것이고, 주님의 것은 모두 종의 것입니다. 종은 곧 주님의 품으로 돌아갈 것이나, 이들은 세상에 남아 있을 것입니다. 이들을 도와주십시오.

주님 앞에 항복함으로써 새롭게 되었고, 회개함으로써 그리스도인이 되었고, 믿음으로써 구원의 길로 들어서, 행함으로써 성화의 길을 걸어갔습니다.

주님, 종이 주님과 하나인 것처럼 이들도 주님과 하나가 되게 하십시오. 종이 세상에 속하지 않은 것처럼 이들도 세상에 속하지 않게 하십시오. 진리로 이들을 거룩하게 하십시오. 아버지의 말씀은 진리입니다.

주님, 주님이 종에게 계시고, 종이 주님께 있는 것처럼, 이들도 하나가 되게 하십시오. 그래서 주님이 우리와 함께한다는 사실을 이들로 믿게 하십시오.

종은 이들에게 주님의 이름을 알렸으며, 앞으로도 계속 알릴 것입니다. 주님이 종을 사랑하신 것처럼 이들도 계속 사랑하여 주십시오.

그리고 우리 가산교회와 예수나라공동체를 위해 기도합니다. 우리가 속한 한국독립교회선교단체연합회, 영덕북부지역교회연합회, 영덕군기독교연합회, 한국기독교교회협의회, 한국교회총연합회, 한국기독교총연합회, 한국기독교연합, 그리고 세계복음주의연맹과 세계교회협의회를 위해 기도합니다.

30억에 가까운 전 세계 그리스도인과 71억 지구촌 인류를 위해 기도합니다. 지구와 달을 포함한 태양계와 우리은하, 안드로메다은하, 우주와 대우주를 위해 기도합니다.

마지막으로 하나님의 나라와 우리 주 예수 그리스도의 영원한 나라를 위해 기도합니다. 아직 주님을 모르는 사람들과 다른 종교인을 위해서도 기도합니다. 인류의 공동선을 위해 모두 하나 되게 하십시오.

그리고 먼지 같은 이 부족한 종을 위해, 이 글을 접하는 모든 독자들을 위해 기도합니다. 아멘." (2018. 3. 30)

1536. 청송 천지

어느 산길을 올라가고 있었다.

"길이 왜 이렇게 험하지?"

비록 보이지는 않았으나 누가 대답하였다.

"청송은 원래 산이 높고 골이 깊어."

그렇게 오랫동안 길을 가다가 하늘 높은 곳에서 땅을 내려다보았다.

"과연 청송은 길이 꾸불꾸불하고 고개도 많구나."

그런데 그 한복판 위쪽, 가장 높은 곳에 백두산 천지와 같은 못이 있었다.

"물이 참 맑고 깨끗하구나."

그때 연못 아래 '열린 예배'라는 글이 보였고, 연못 오른쪽에 '만인 교

제50편 석양의 연가 203

회'라는 글도 보였다. 마치 축소한 지구 모형을 바라보는 듯하였고, 누구나 확실히 보란 듯이 하얀 글씨로 도드라지게 씌어 있었다. (2018. 3. 31)

1537. 성벽 사다리

어느 성벽에서 일자 사다리를 타고 막바지 작업을 하고 있었다. 성벽 난간까지 거의 다 올라가 마무리를 할 때, 갑자기 사다리가 멈칫하면서 50cm가량 주저앉았다.

일을 계속하기도 어렵고 위로 올라갈 수도 없었다. 모든 것이 불안하고 무서웠다. 안절부절못하고 있을 때 갑자기 아버지가 나타나 말씀하셨다.

"무슨 문제가 있느냐?"

"아! 예, 사다리가?"

"그래? 잠시 내려오너라."

그 순간 나는 어느새 성벽 아래쪽에 내려와 있었으며, 청년 두어 명이 성벽에 나타나 일자 사다리 안쪽에 있는 줄사다리 2개를 보수하고, 기도하는 순서와 절차는 물론, 예배하는 방법까지 모두 바로잡아 주었다.

그 모습을 보고 그제야 나는 안도의 숨을 돌리게 되었다.

"이제 모든 것이 안전하고 완벽하게 되었군. 아버지, 감사합니다. 아멘."

이는 부활절 새벽에 본 환상이다. (2018. 4. 1. 부활절)

1538. 새 예루살렘

'밝은 자'라는 자매의 기도 목록에서 거대한 건물이 지어지는 모습이 보였다. 외관은 거의 마무리되었으나 실내는 공사가 진행되고 있었다.

건물 가운데는 돔형 지붕으로 미국 국회의사당과 비슷하였으나 똑같지는 않았다. 그 위에 십자가가 세워졌으면 하고 바랐으나 구조상 어려울 것으로 보였다.

건물이 얼마나 크고 웅장한지 가히 짐작하기도 어려웠다. 그 앞쪽의 기존 도시는 손바닥만 하였고, 뒤쪽으로 약간 언덕진 곳의 건물은 마치 암탉이 병아리를 품듯이, 도시 이쪽 끝에서 저쪽 끝까지 포근히 감싸고 있었다.

이 세상의 모든 성도들이 들어가 예배를 드릴 수 있을 것으로 보였고, 마지막 날 이 땅에 임할 거룩한 도성, 새 예루살렘으로 여겨졌다. (2018. 4. 5)

찾/아/보/기

전/체/찾/아/보/기

책 _____ 편 _____

장 _____

사

기 타

예스 1,

휴먼 드라마

제1편 **인간 이야기**

제2편 **모정의 세월**

제3편 **숙고의 시간**

제4편 **애증의 물결**

제5편 **무지개 은혜**

예는 2,

소망의 불씨

제6편 새로운 시작

제7편 **죄인의 초대**

제8편 **소망의 불씨**

제9편 **쇠잔한 영혼**

제10편 **절망을 딛고**

예스 3,

밀알의 소명

제11편 끝없는 시련

제12편 길은 어디에

제13편 **도피성 예수**

제14편 **밀알의 소명**

제15편 **눈물의 기도**

예스 4,

희망의 나래

제16편 **흙탕물 정화**

제17편 **희망의 나래**

제18편 **바람의 언덕**

제19편 **시련의 축제**

제20편 **사랑과 용서**

예는 5,

광야의 단비

제21편 **갈급한 심령**

제22편 **요한의 노래**

제23편 반석을 위해

제24편 맘몬의 노예

제25편 **광야의 단비**

베스 6,

영성의 바다

제26편 반잔의 생수

제27편 연민의 강물

제28편 **지혜의 향기**

제29편 **은혜 나누기**

제30편 비움의 영성

메느 구,

자유의 다리

제31편 **고요한 바다**

제32편 **사랑의 온도**

제33편 인생 조각보

제34편 자유의 함성

제35편 그리움 그림

예스 8,

평화의 노래

제36편 갈 길 멀어도

제37편 세월의 강물

제38편 **파랑새 노래**

제39편 **오타쿠 신앙**

제40편 **최고의 승리**

메는 9,

기쁨의 향연

제41편 **영혼의 향기**

제42편 **예술가 동산**

제43편 **바보의 축제**

제44편 **천국 사무소**

제45편 **인생사 지도**